Caderno de letras

Volume 2
Educação Infantil

1ª edição
São Paulo
2015

Coleção Eu gosto m@is
Caderno de letras – volume 2
© IBEP, 2015

Diretor superintendente	Jorge Yunes
Diretora editorial	Célia de Assis
Gerente editorial	Maria Rocha Rodrigues
Coordenadora editorial	Simone Silva
Assessoria pedagógica	Valdeci Loch
Editora	Mirian Gaspar
Assistente editorial	Fernanda Santos
Coordenadora de revisão	Heló Beraldo
Revisão	Beatriz Hrycylo, Luiz Gustavo Bazana, Rosani Andreani, Salvine Maciel
Secretaria editorial e Produção gráfica	Fredson Sampaio
Assistentes de secretaria editorial	Carla Marques, Karyna Sacristan, Mayara Silva
Assistentes de produção gráfica	Ary Lopes, Eliane Monteiro, Elaine Nunes
Coordenadora de arte	Karina Monteiro
Assistentes de arte	Aline Benitez, Gustavo Prado Ramos, Marília Vilela, Thayara Macário
Coordenadora de iconografia	Neuza Faccin
Assistente de iconografia	Bárbara Odria Vieira
Ilustração	Eunice/Conexão editorial
Processos editoriais e tecnologia	Elza Mizue Hata Fujihara, Fernando Cardille
Projeto gráfico e capa	Departamento de Arte – IBEP
Ilustração da capa	Manifesto Game Studio
Diagramação	N-Publicações

CIP-BRASIL. CATALOGAÇÃO NA PUBLICAÇÃO
SINDICATO NACIONAL DOS EDITORES DE LIVROS, RJ

C129

Caderno de letras : volume 2 / IBEP. - 1. ed. - São Paulo : IBEP, 2015.
il. (Eu gosto mais)

ISBN 9788534245340 (aluno) / 9788534245357 (mestre)

1. Educação. 2. Educação de crianças 3. Pedagogia crítica. I. Instituto Brasileiro de Edições Pedagógicas. II. Série.

15-25550
CDD: 370.71
CDU: 37.02

13/08/2015 13/08/2015

IBEP

Av. Alexandre Mackenzie, 619 – Jaguaré
São Paulo – SP – 05322-000 – Brasil – Tel.: (11) 2799-7799
www.editoraibep.com.br editoras@ibep-nacional.com.br

1ª edição – São Paulo – 2015
Todos os direitos reservados

Impressão - Gráfica Mercurio S.A. - Agosto 2024

MENSAGEM AO ALUNO

Querido aluno, querida aluna,

A Coleção **Eu gosto m@is** foi escrita pensando em você. Estudar com ela permitirá que você faça grandes descobertas sobre o mundo do conhecimento.

Agora, queremos lhe apresentar o *Caderno de Letras – Volume 2*. Nele, você realizará diferentes registros do traçado das letras de nosso alfabeto.

Cuide bem de seu caderno e bom trabalho!

SUMÁRIO

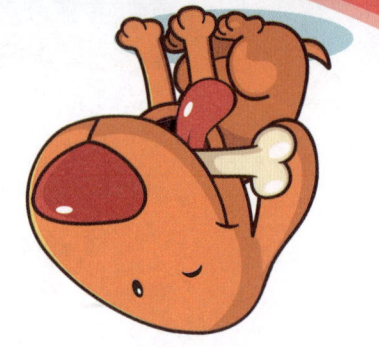

TEMA	PÁGINA
Coordenação motora	5
Alfabeto maiúsculo	22
Alfabeto minúsculo	36

CUBRA OS PONTILHADOS SEGUINDO A ORIENTAÇÃO DAS SETAS.

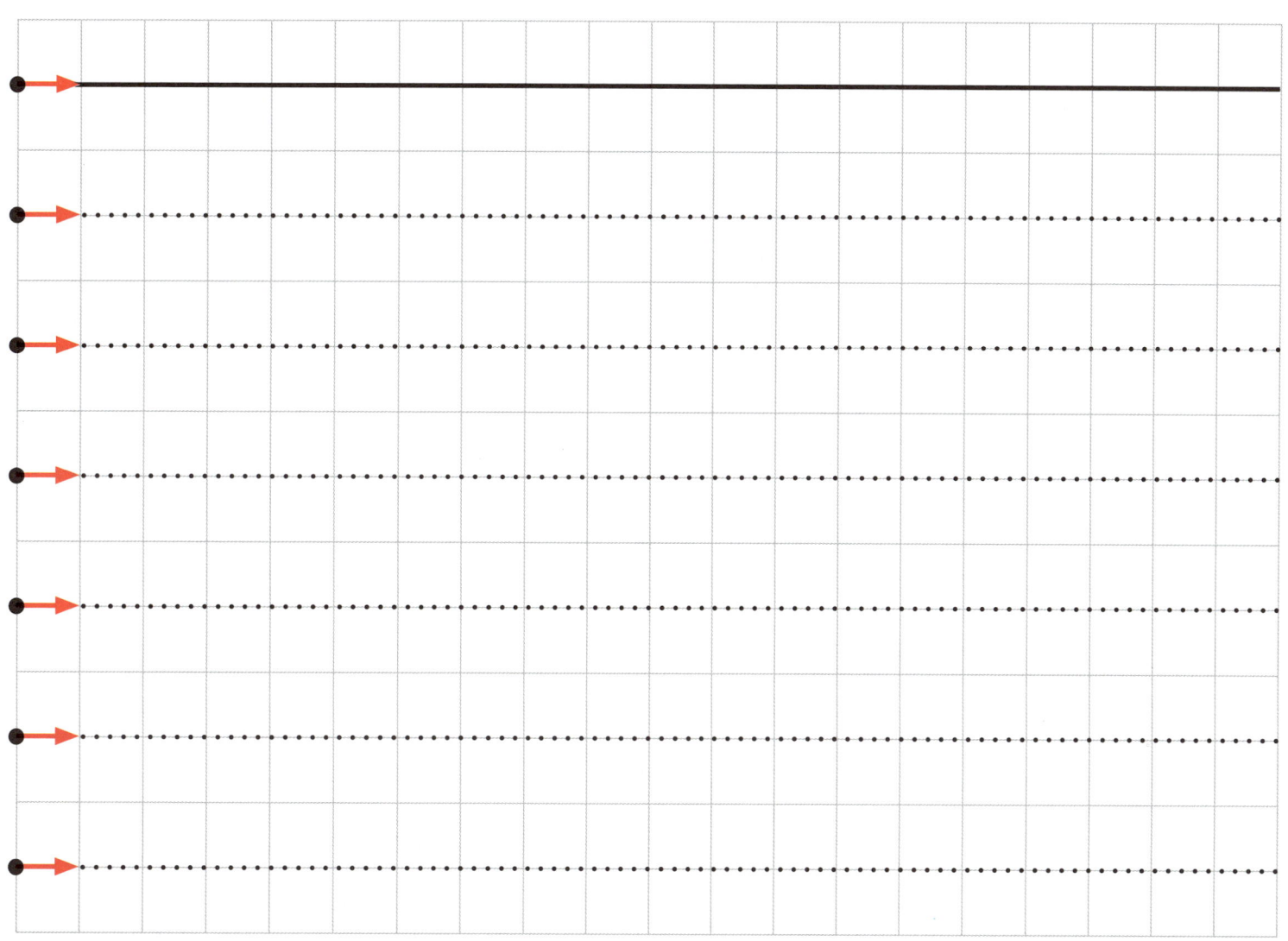

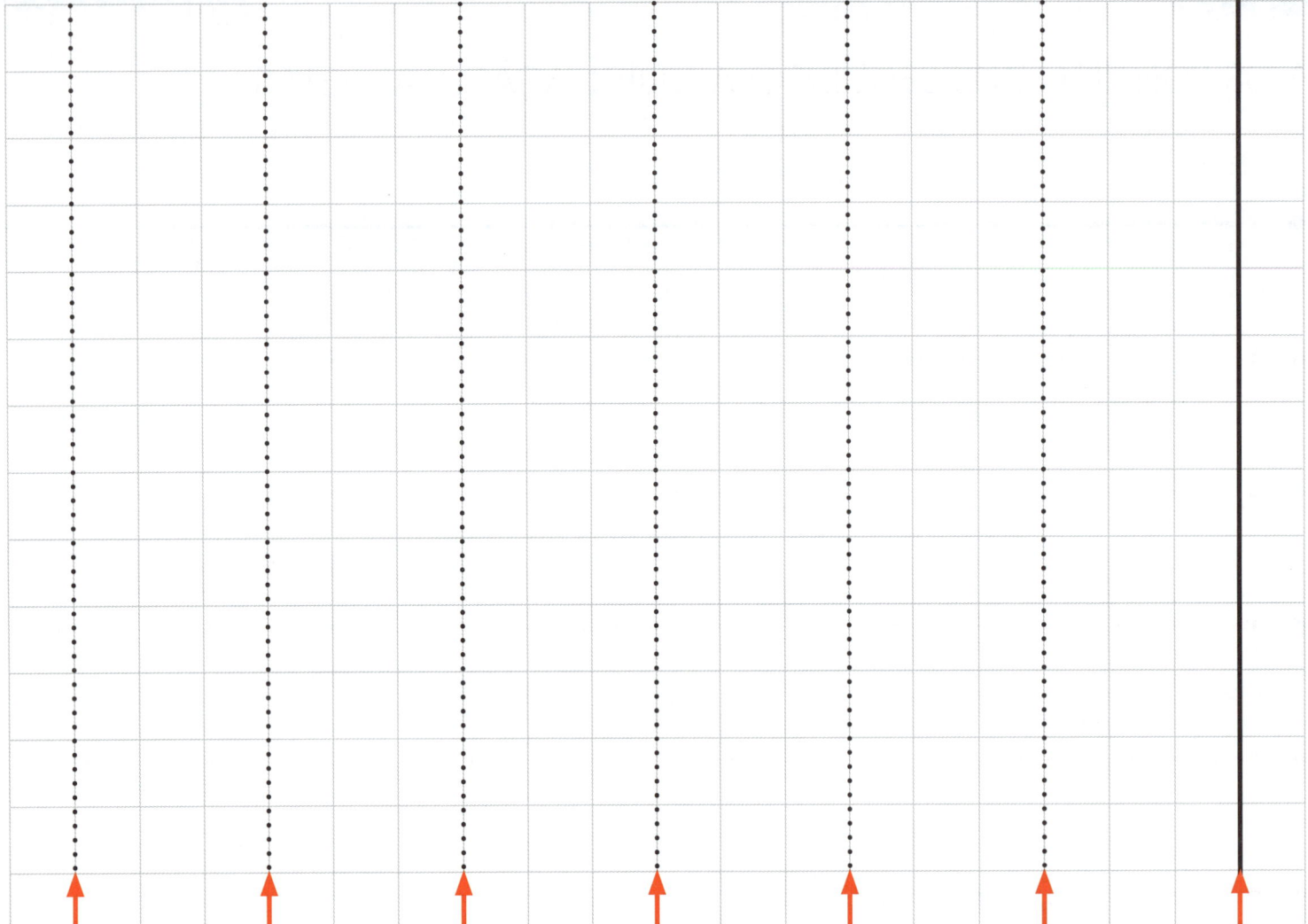

CUBRA OS PONTILHADOS SEGUINDO A ORIENTAÇÃO DAS SETAS.

CUBRA OS PONTILHADOS SEGUINDO A ORIENTAÇÃO DAS SETAS.

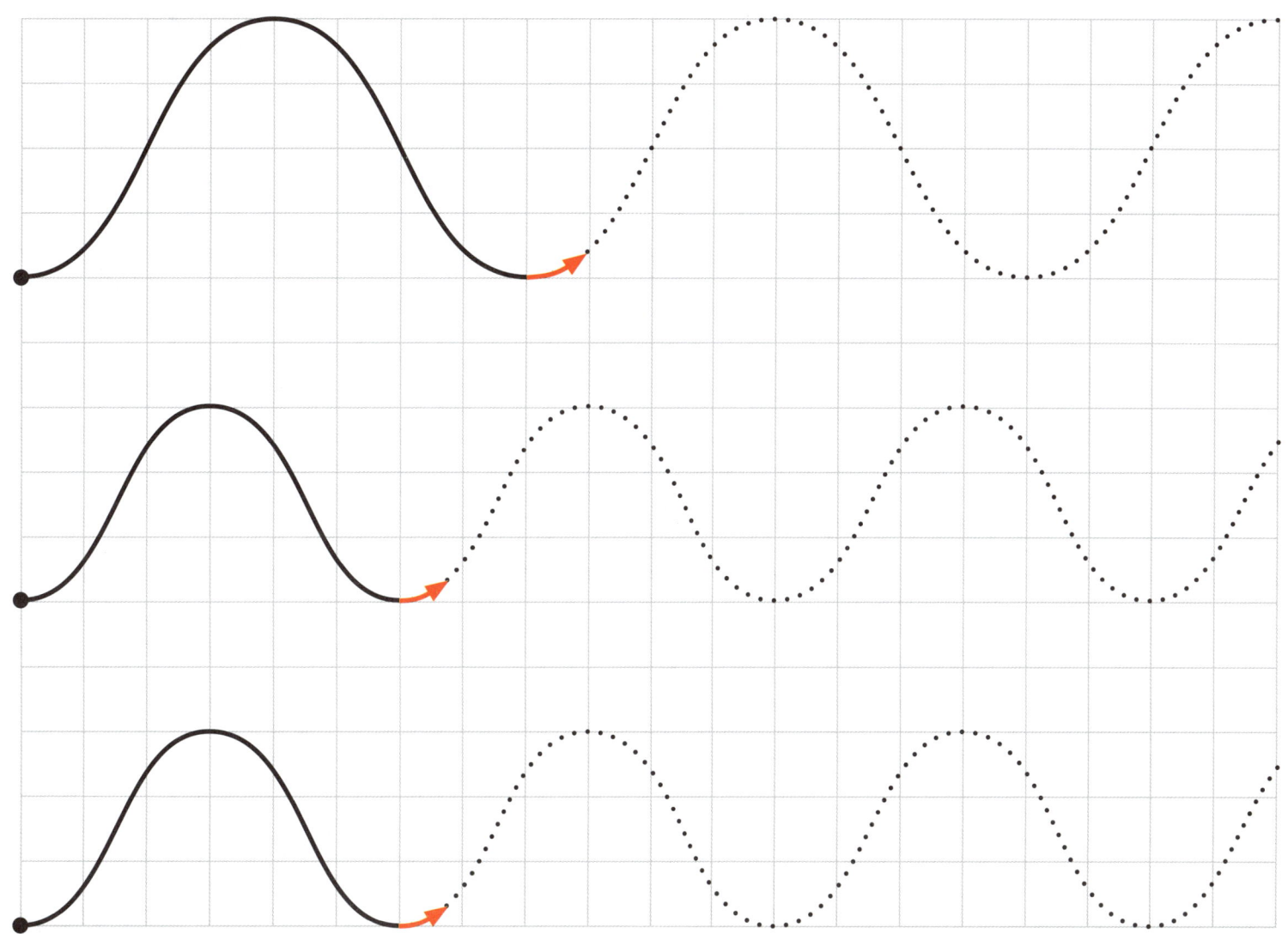

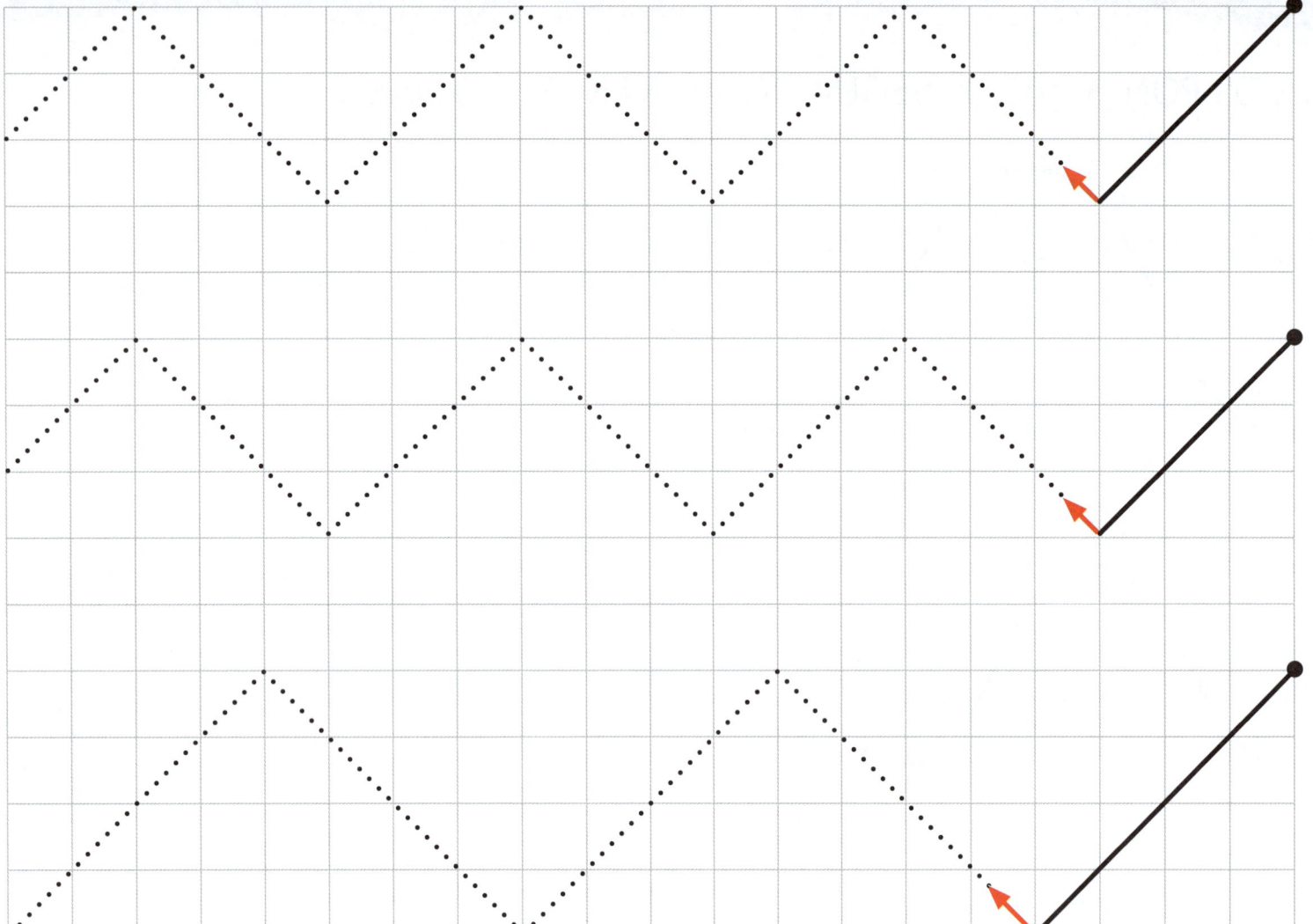

CUBRA OS PONTILHADOS SEGUINDO A ORIENTAÇÃO DAS SETAS.

CUBRA OS PONTILHADOS SEGUINDO A ORIENTAÇÃO DAS SETAS E RESPEITANDO OS LIMITES.

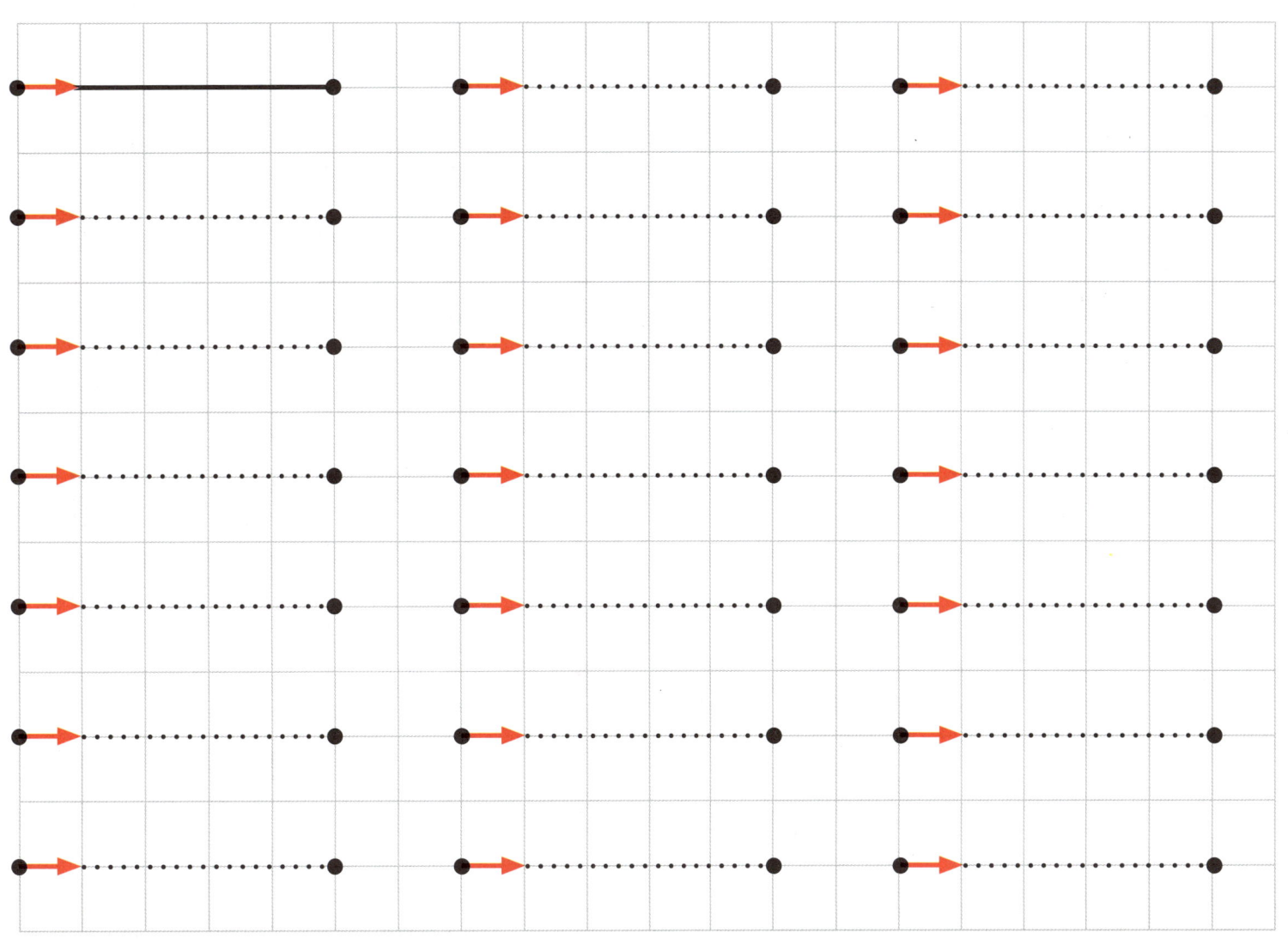

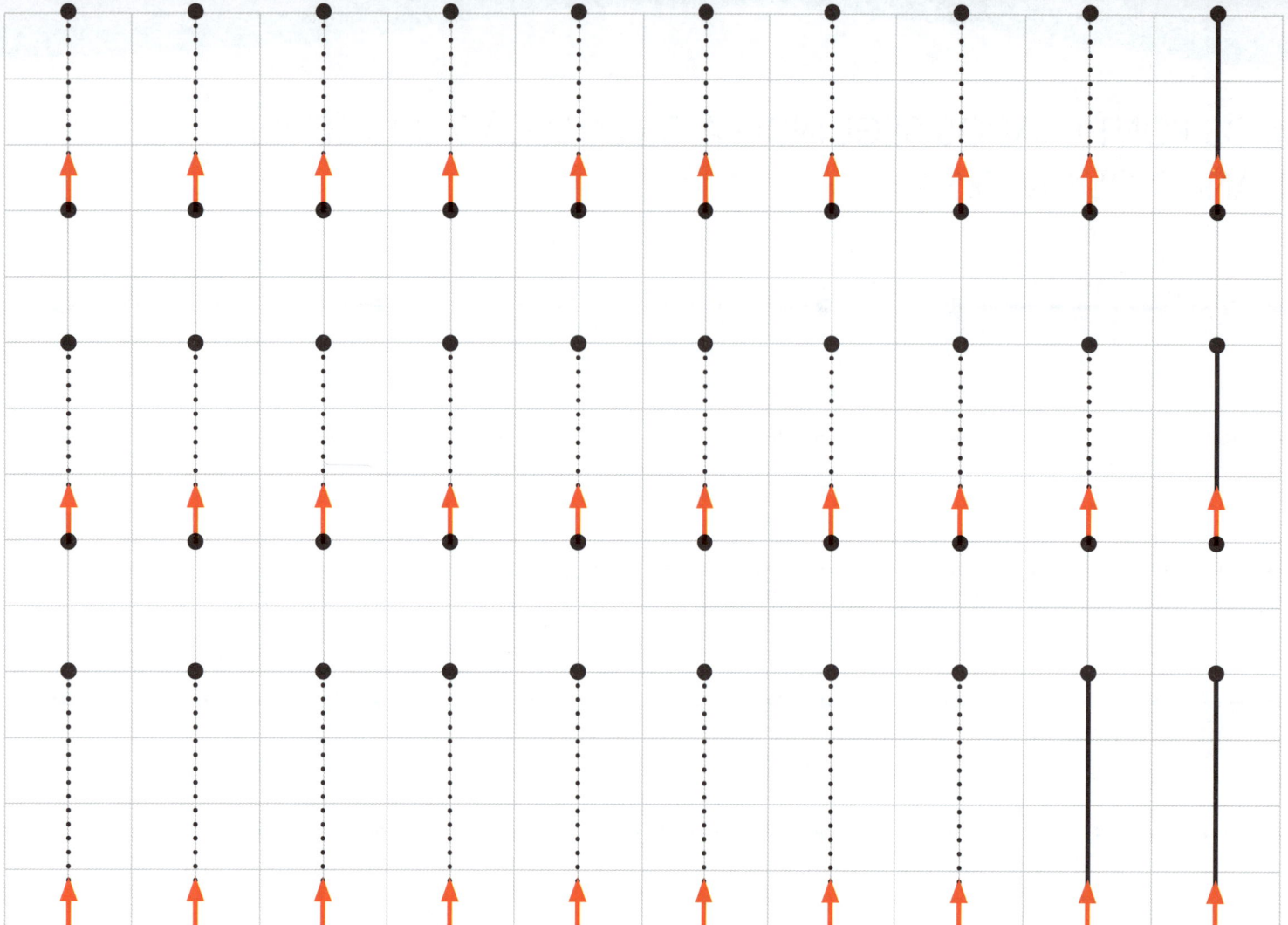

CUBRA OS PONTILHADOS SEGUINDO A ORIENTAÇÃO DAS SETAS E RESPEITANDO OS LIMITES.

TRACE O CAMINHO QUE LEVA O CACHORRO À COMIDA. NÃO ENCOSTE NAS LINHAS LATERAIS NEM TIRE O LÁPIS DO PAPEL.

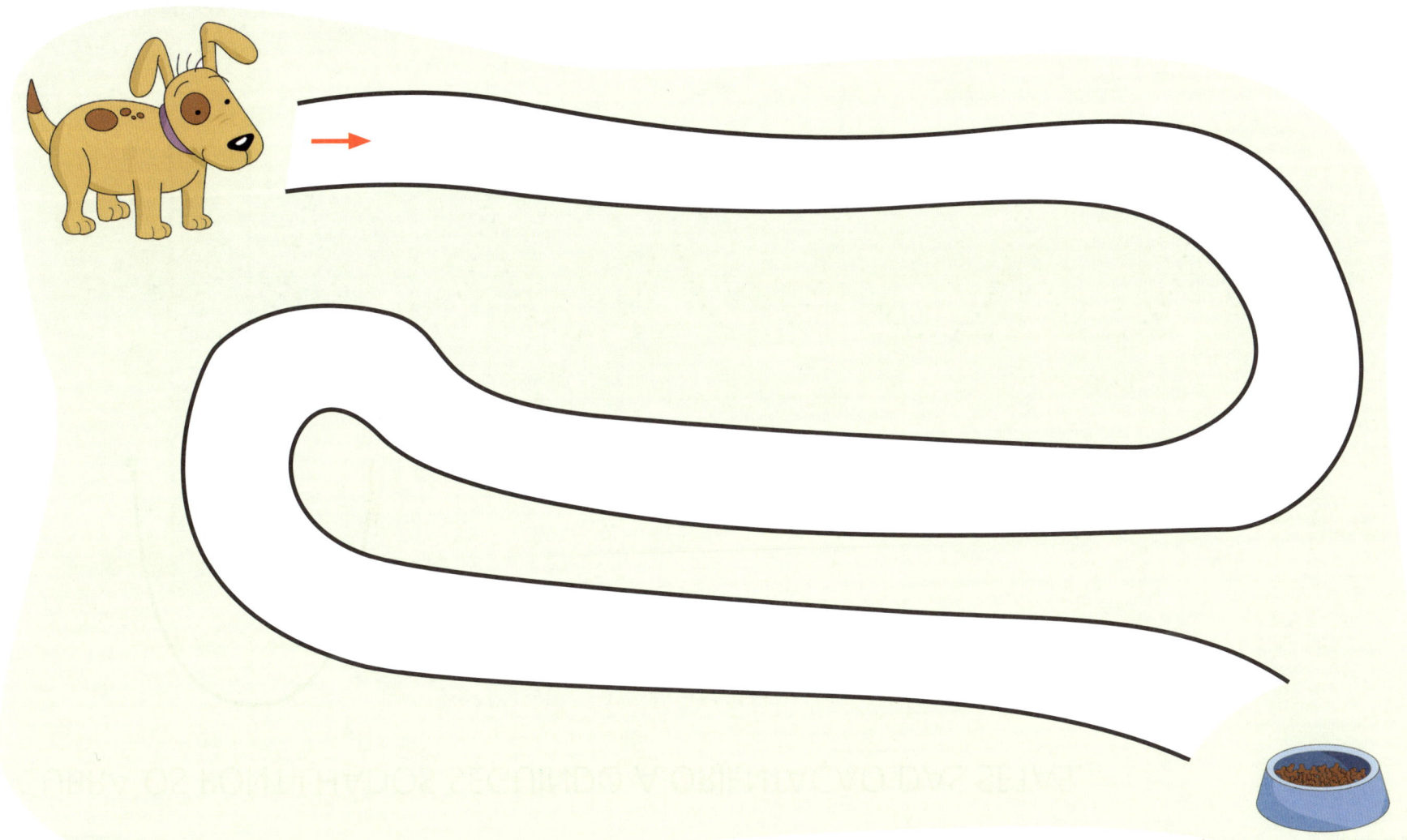

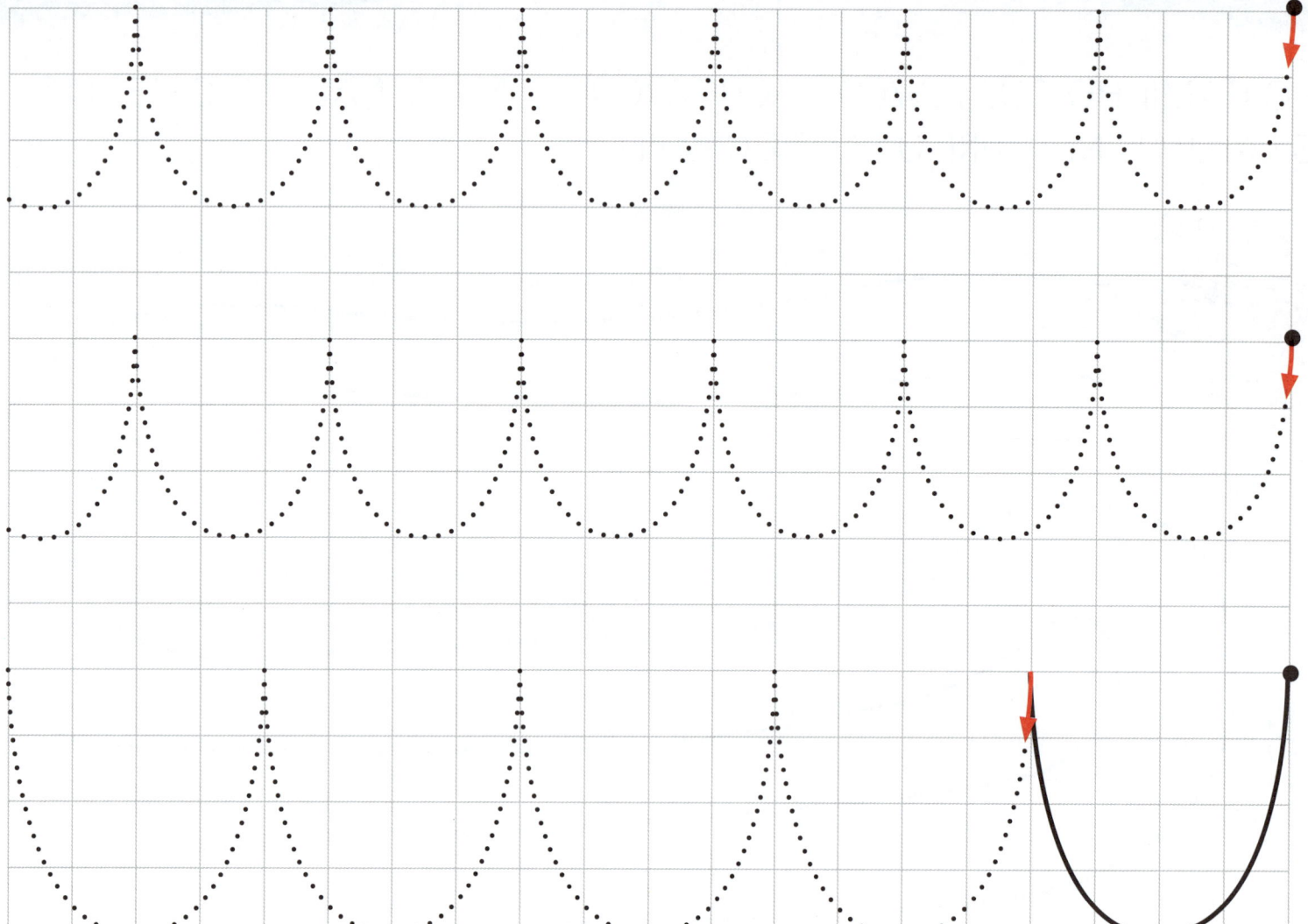

CUBRA OS PONTILHADOS SEGUINDO A ORIENTAÇÃO DAS SETAS.

CUBRA OS PONTILHADOS SEGUINDO A ORIENTAÇÃO DAS SETAS.

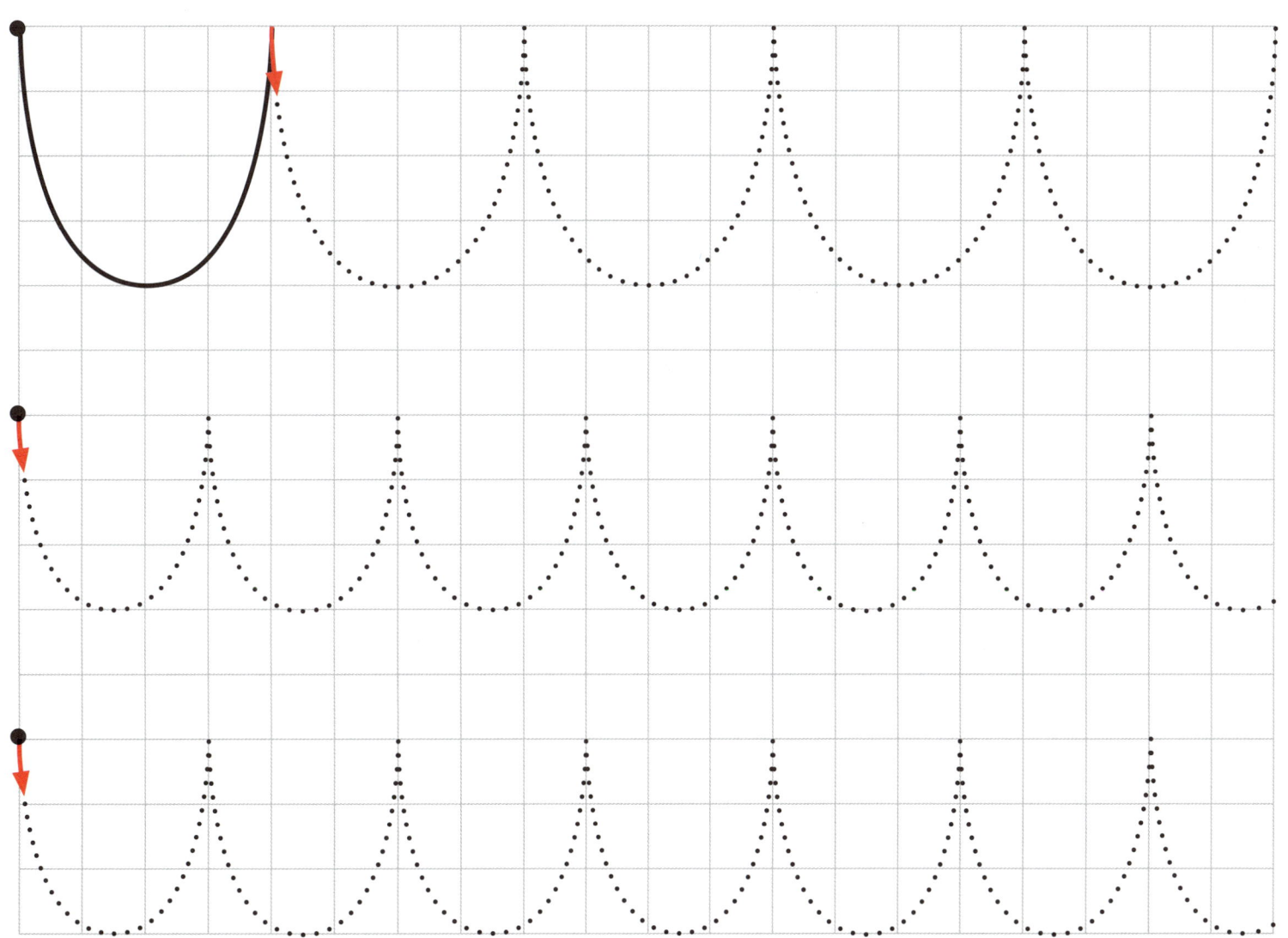

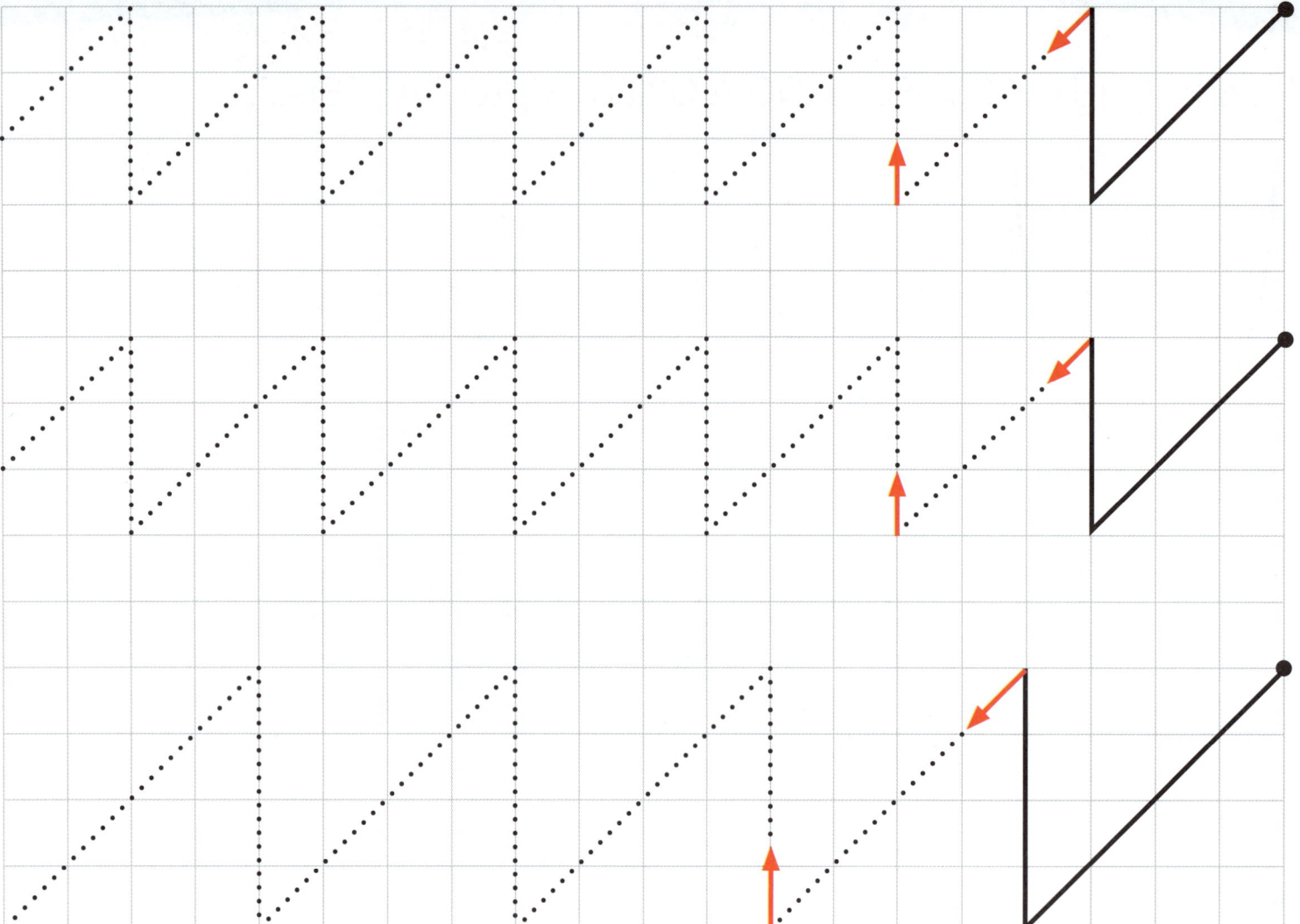

CUBRA OS PONTILHADOS SEGUINDO A ORIENTAÇÃO DAS SETAS.

CUBRA OS PONTILHADOS SEGUINDO A ORIENTAÇÃO DAS SETAS.

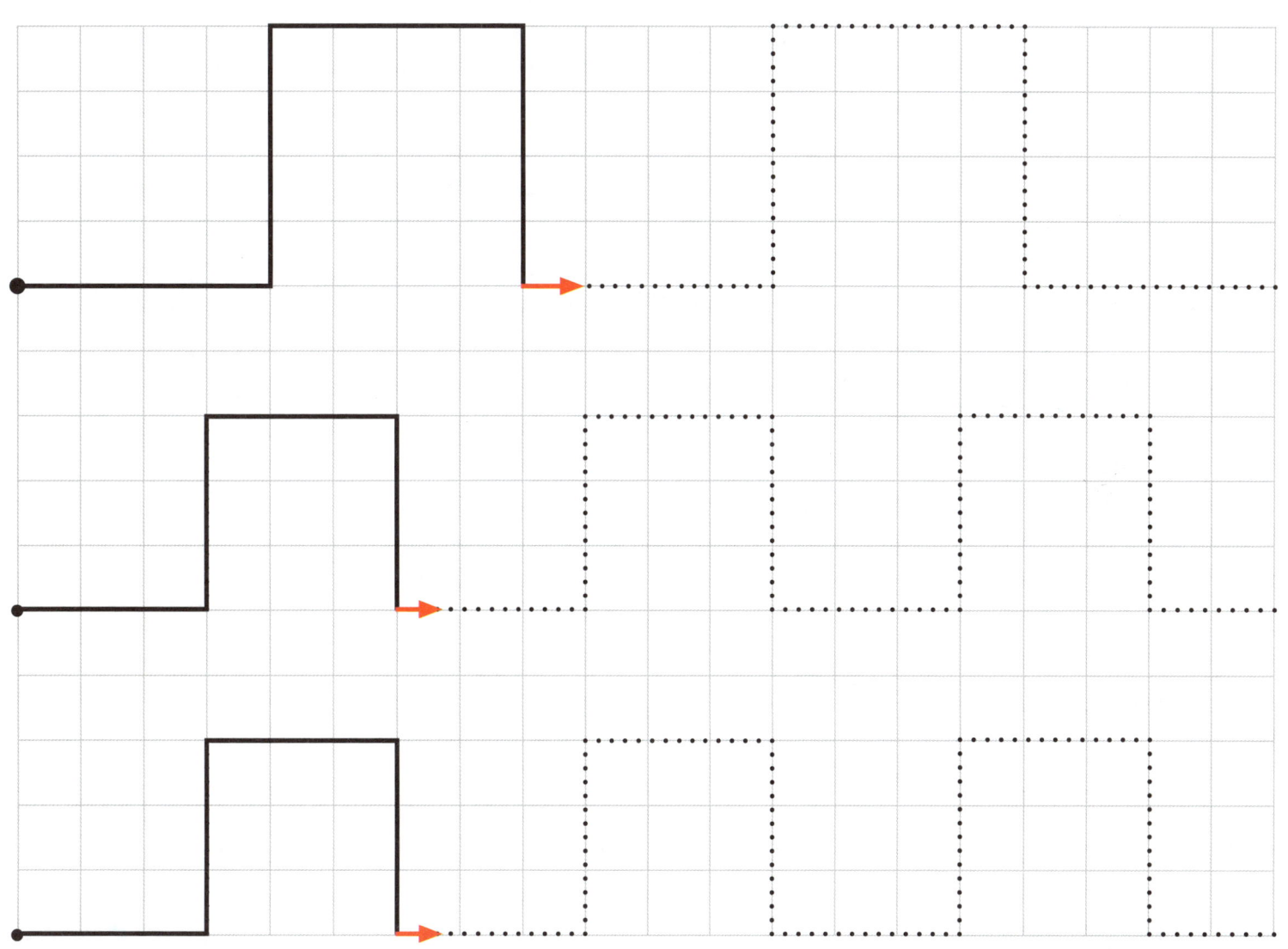

TRACE O CAMINHO QUE LEVA O GATO À COMIDA. NÃO ENCOSTE NAS LINHAS LATERAIS NEM TIRE O LÁPIS DO PAPEL.

CUBRA OS PONTILHADOS SEGUINDO A ORIENTAÇÃO DAS SETAS.

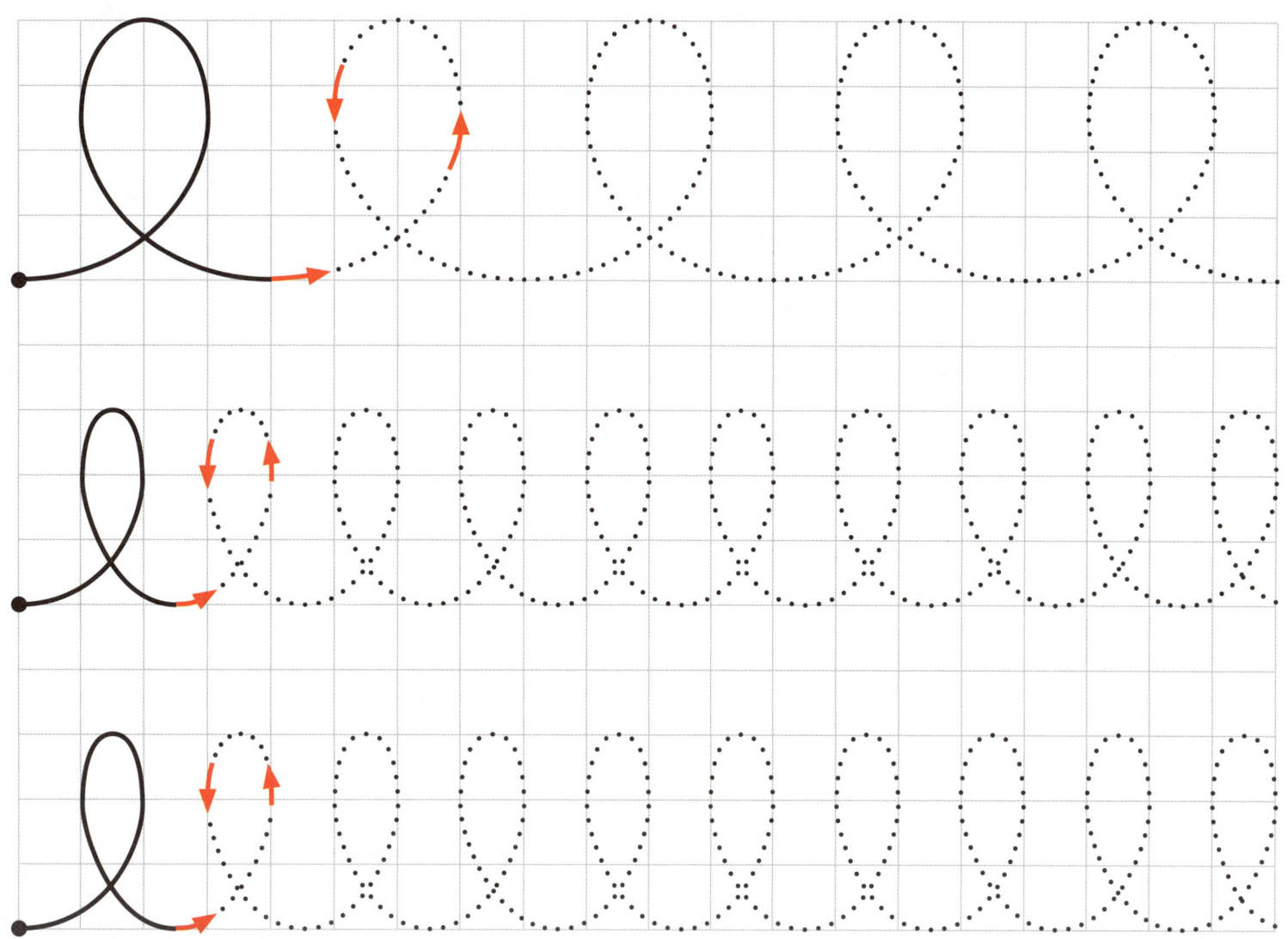

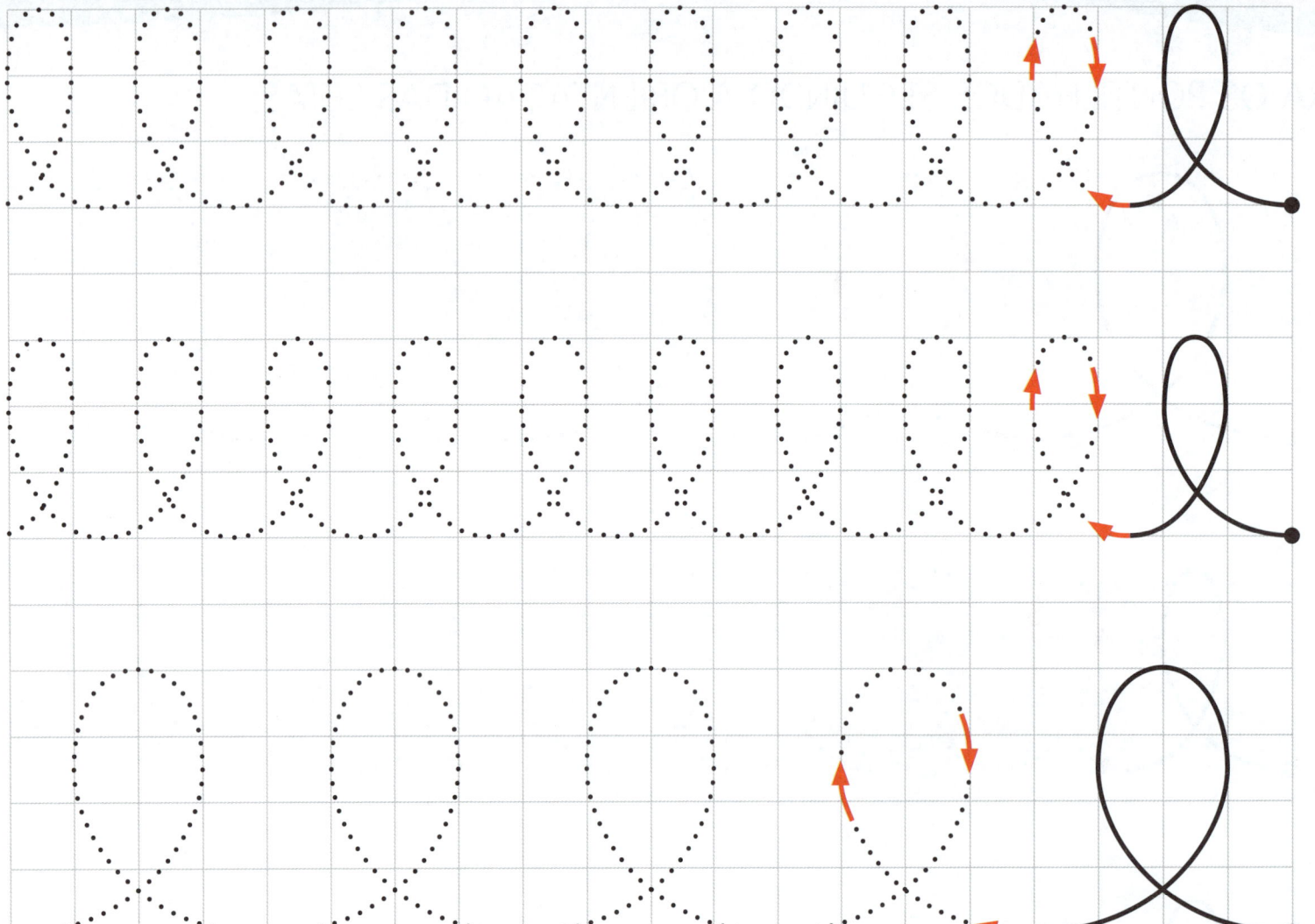

CUBRA OS PONTILHADOS SEGUINDO A ORIENTAÇÃO DAS SETAS.

COPIE OS TRAÇADOS CONFORME OS MODELOS.

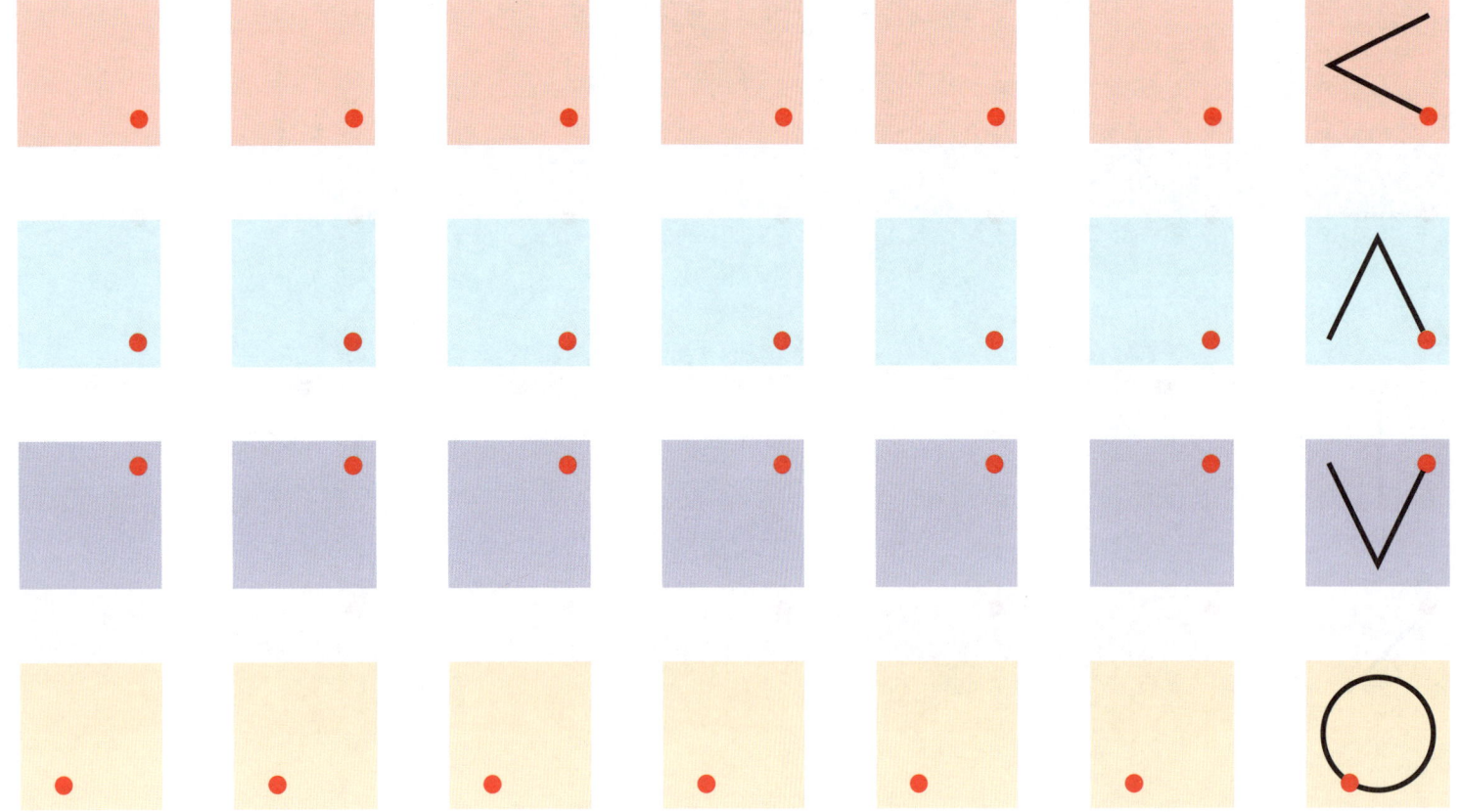

COPIE OS TRAÇADOS CONFORME OS MODELOS.

COPIE OS TRAÇADOS CONFORME OS MODELOS.

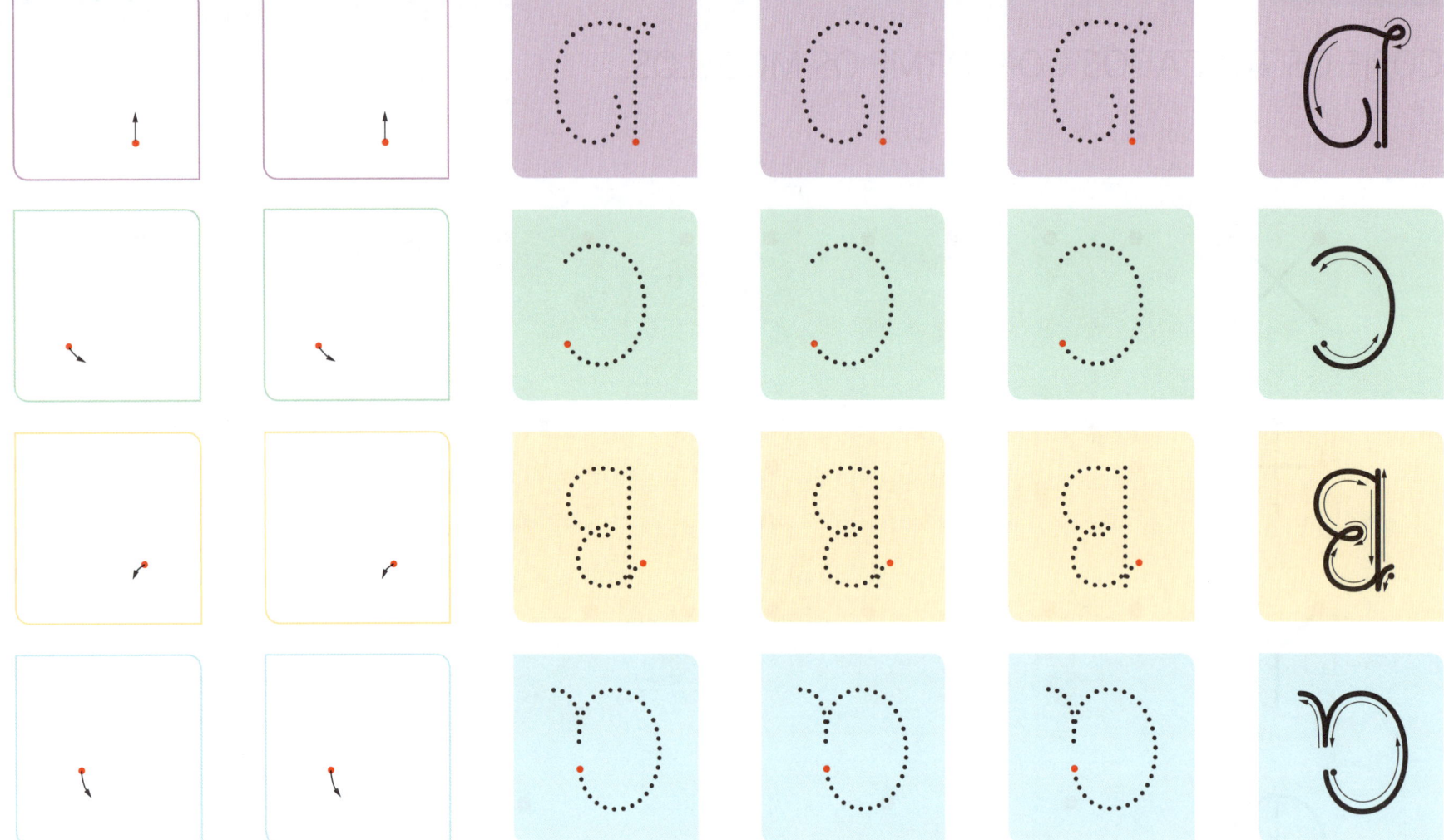

OBSERVE OS MOVIMENTOS DAS LETRAS E CUBRA OS PONTILHADOS. DEPOIS, ESCREVA-AS NOS ÚLTIMOS QUADROS.

OBSERVE OS MOVIMENTOS DAS LETRAS E CUBRA OS PONTILHADOS. DEPOIS, ESCREVA-AS NOS ÚLTIMOS QUADROS.

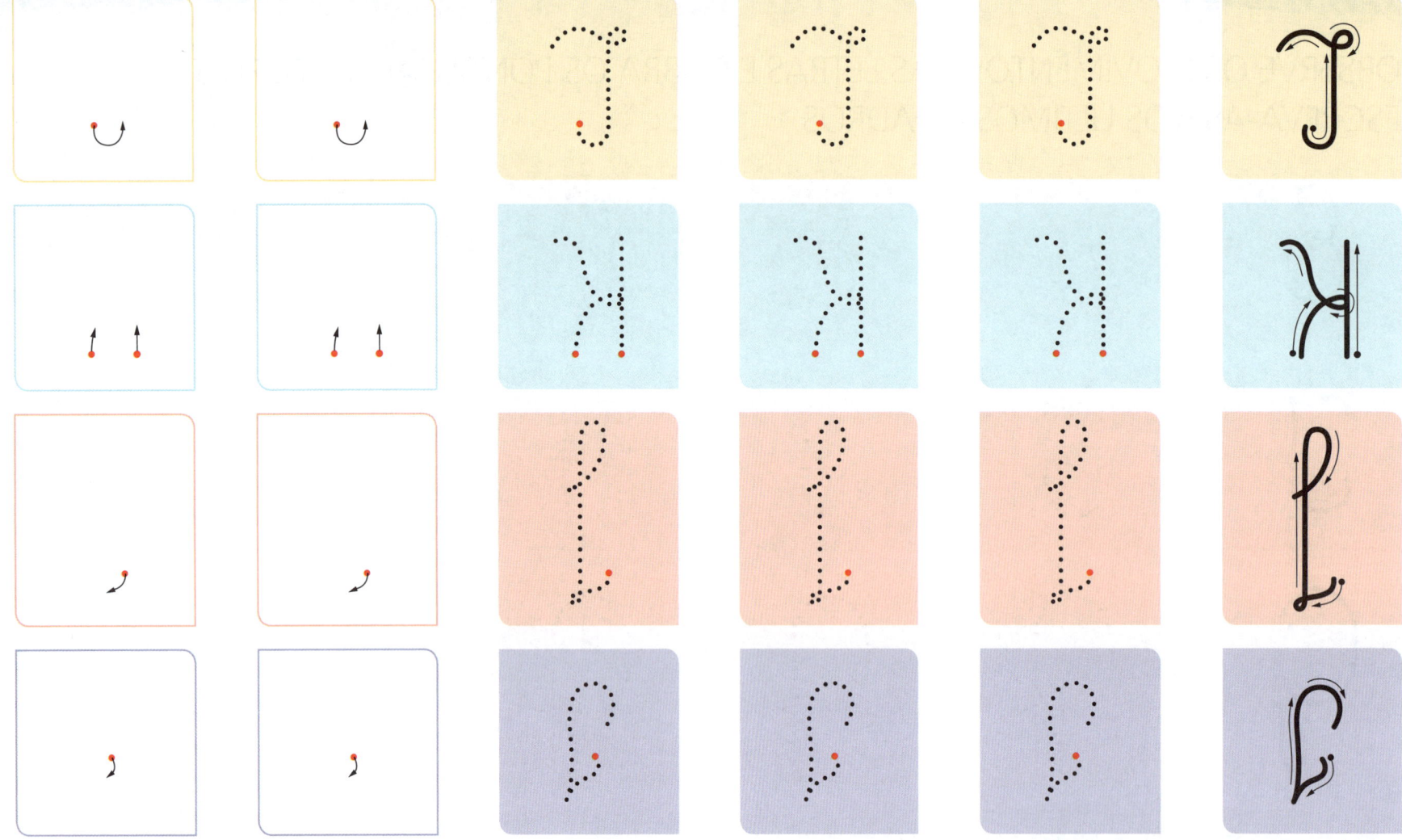

OBSERVE OS MOVIMENTOS DAS LETRAS E CUBRA OS PONTILHADOS. DEPOIS, ESCREVA-AS NOS ÚLTIMOS QUADROS.

OBSERVE OS MOVIMENTOS DAS LETRAS E CUBRA OS PONTILHADOS. DEPOIS, ESCREVA-AS NOS ÚLTIMOS QUADROS.

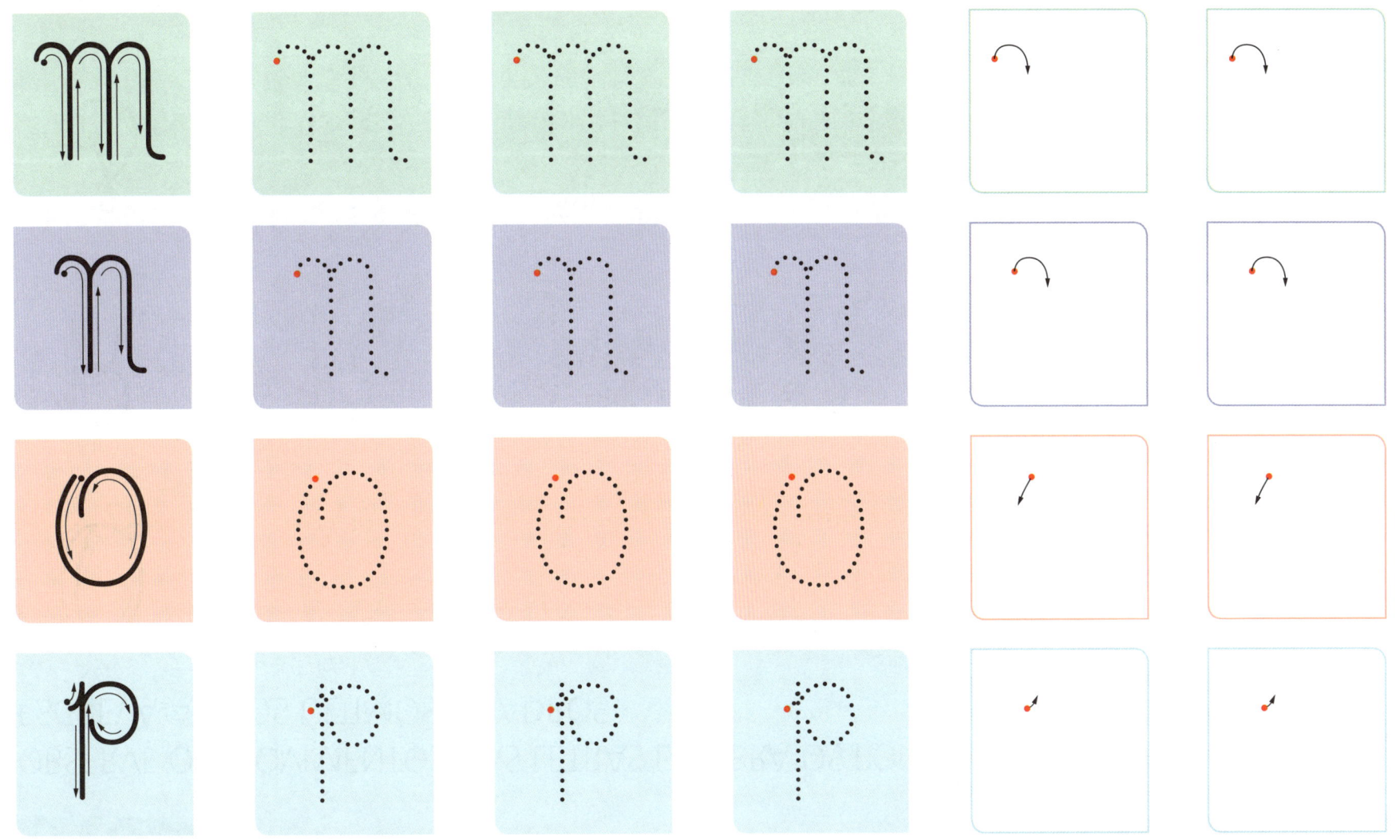

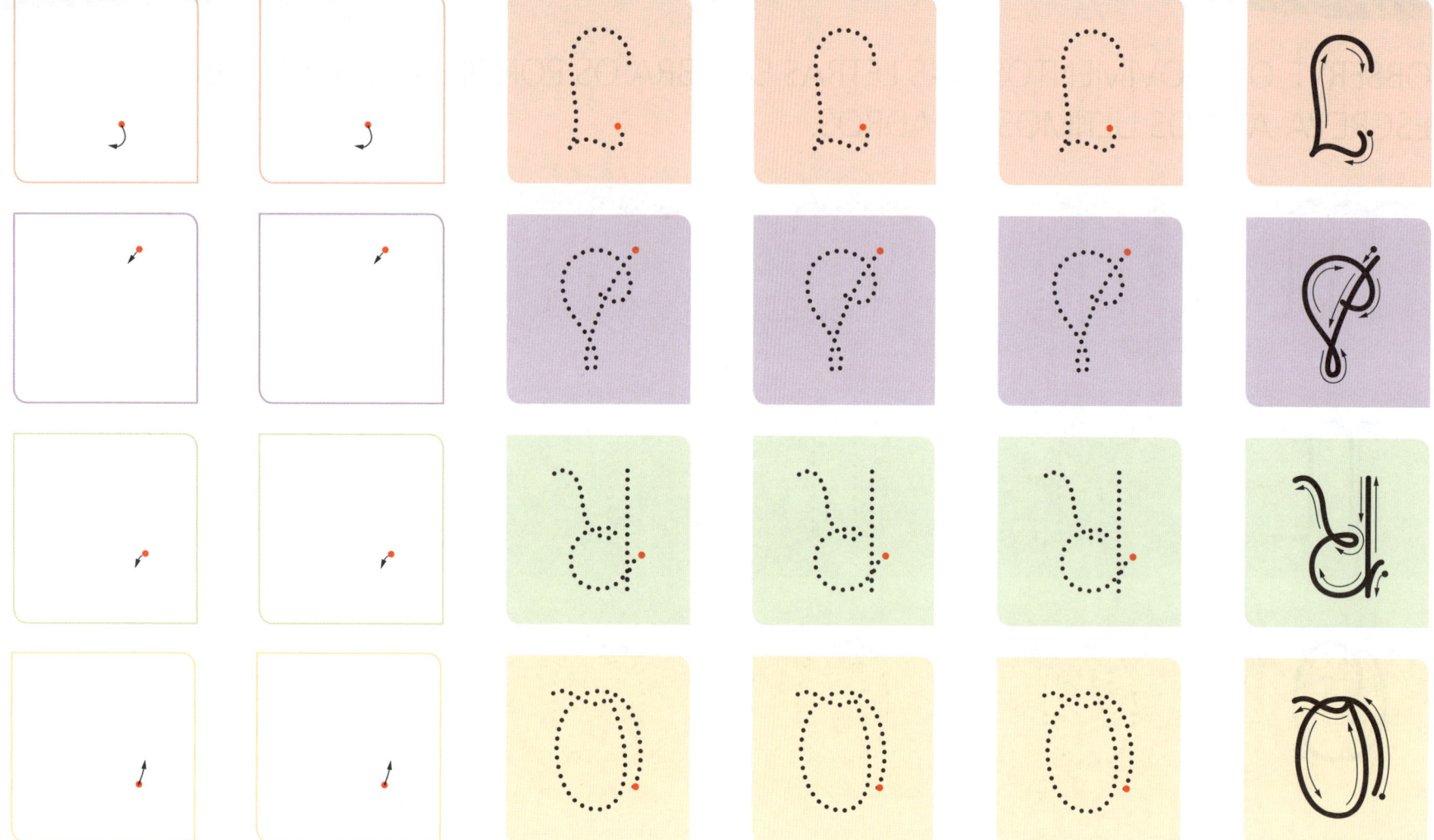

OBSERVE OS MOVIMENTOS DAS LETRAS E CUBRA OS PONTILHADOS. DEPOIS, ESCREVA-AS NOS ÚLTIMOS QUADROS.

OBSERVE OS MOVIMENTOS DAS LETRAS E CUBRA OS PONTILHADOS. DEPOIS, ESCREVA-AS NOS ÚLTIMOS QUADROS.

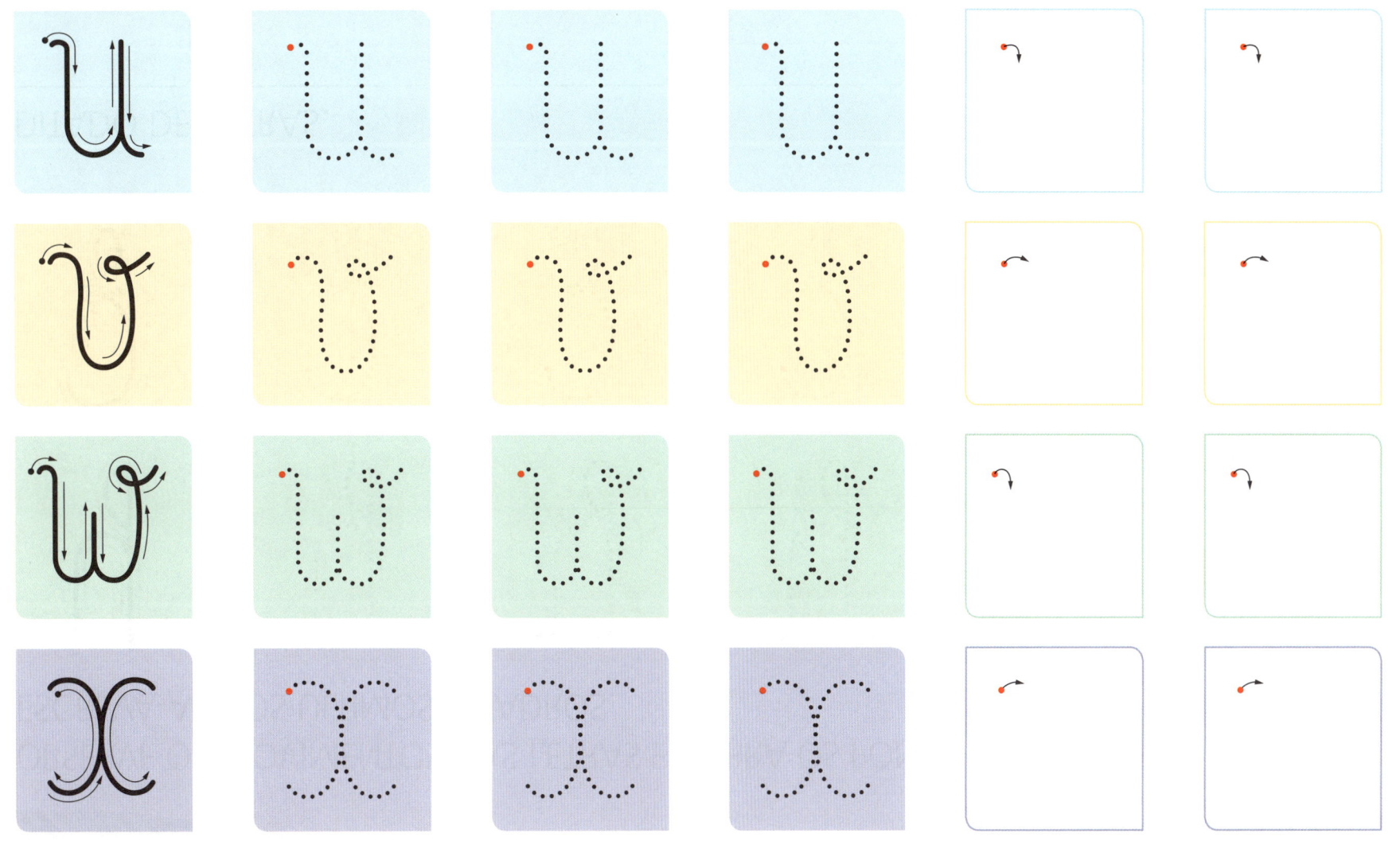

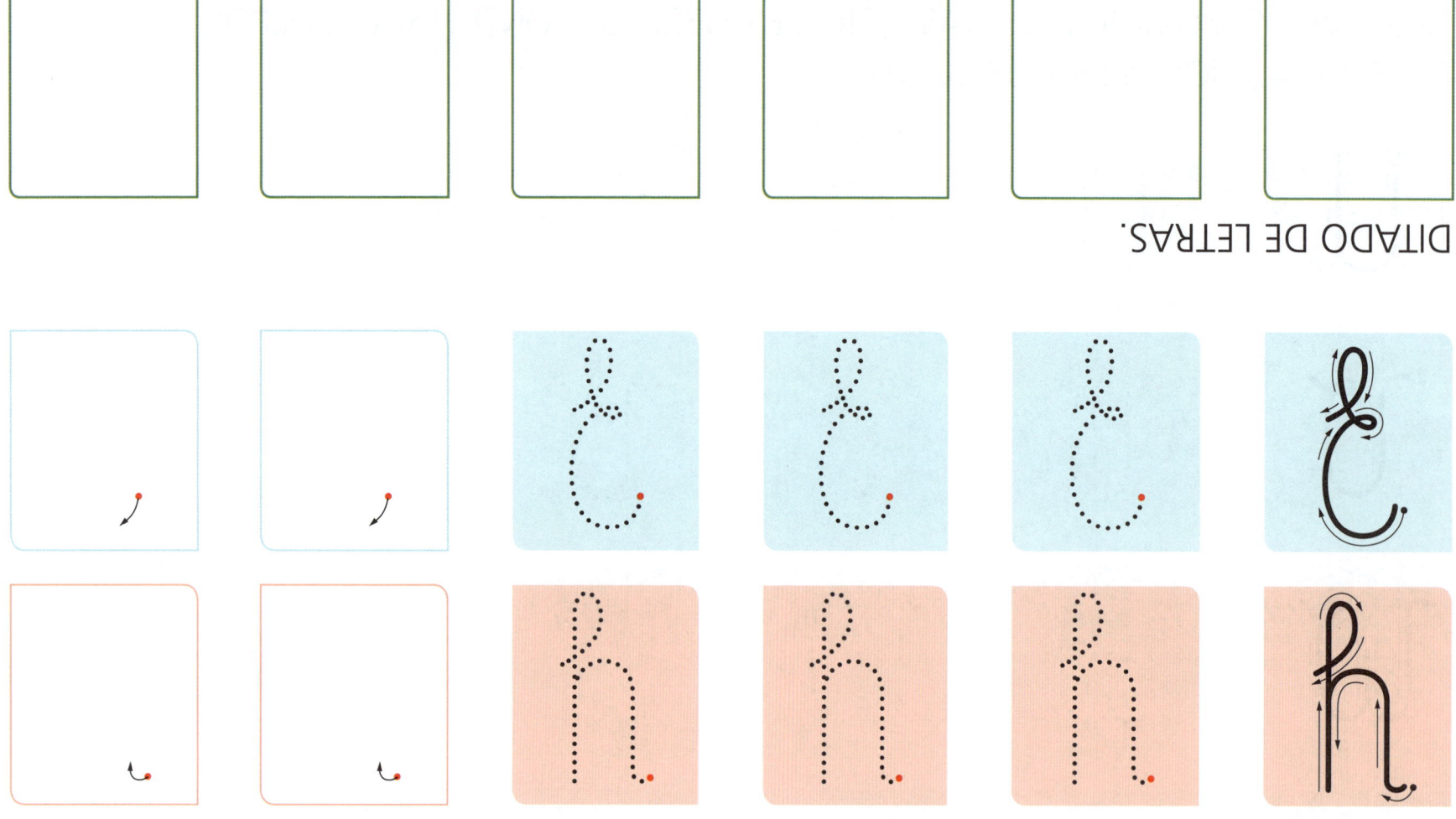

OBSERVE OS MOVIMENTOS DAS LETRAS E CUBRA OS PONTILHADOS. DEPOIS, ESCREVA-AS NOS ÚLTIMOS QUADROS.

DITADO DE LETRAS.

OBSERVE AS LETRAS EM DESTAQUE E, DEPOIS, CUBRA OS PONTILHADOS.

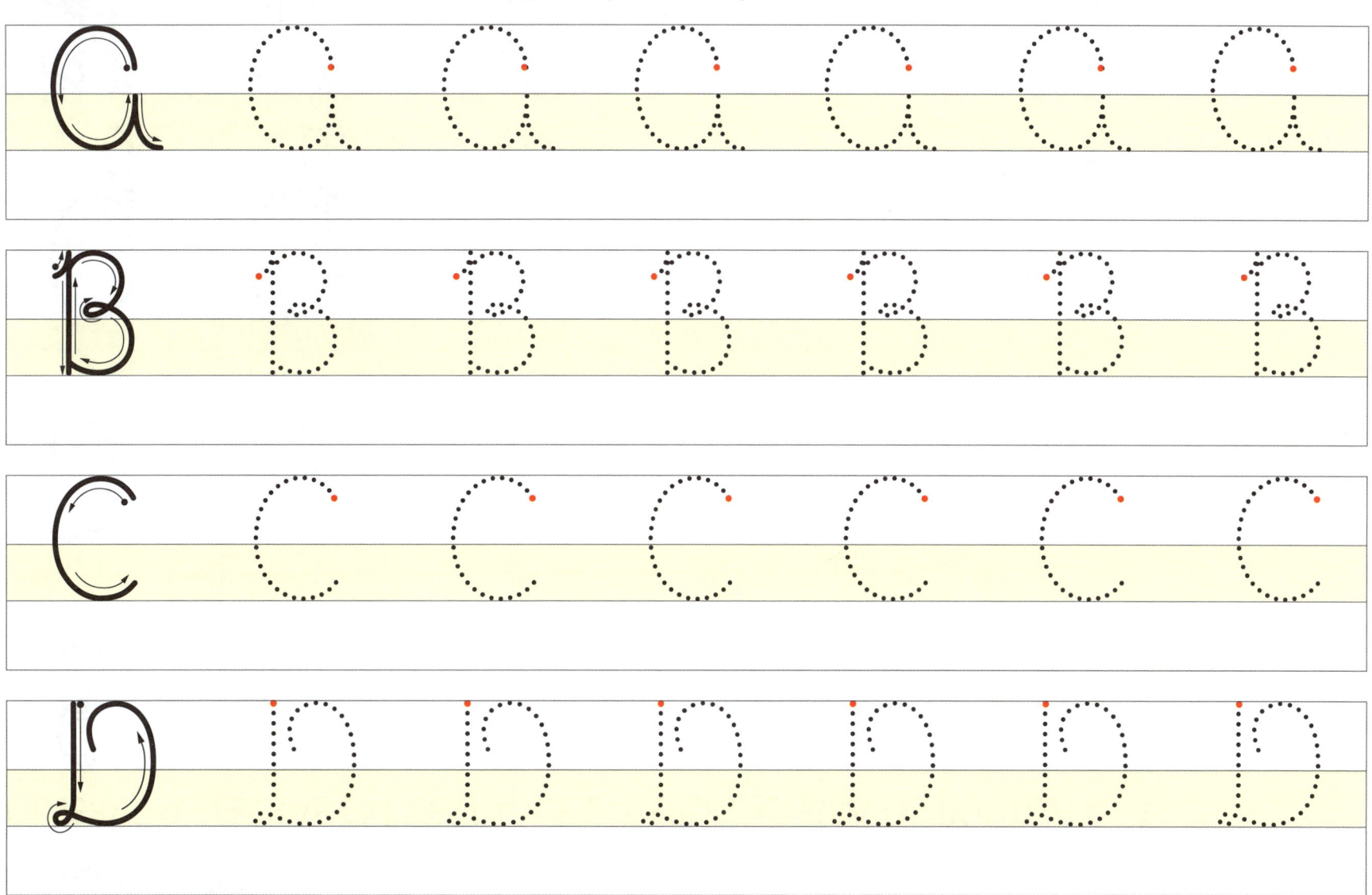

OBSERVE AS LETRAS EM DESTAQUE E, DEPOIS, CUBRA OS PONTILHADOS.

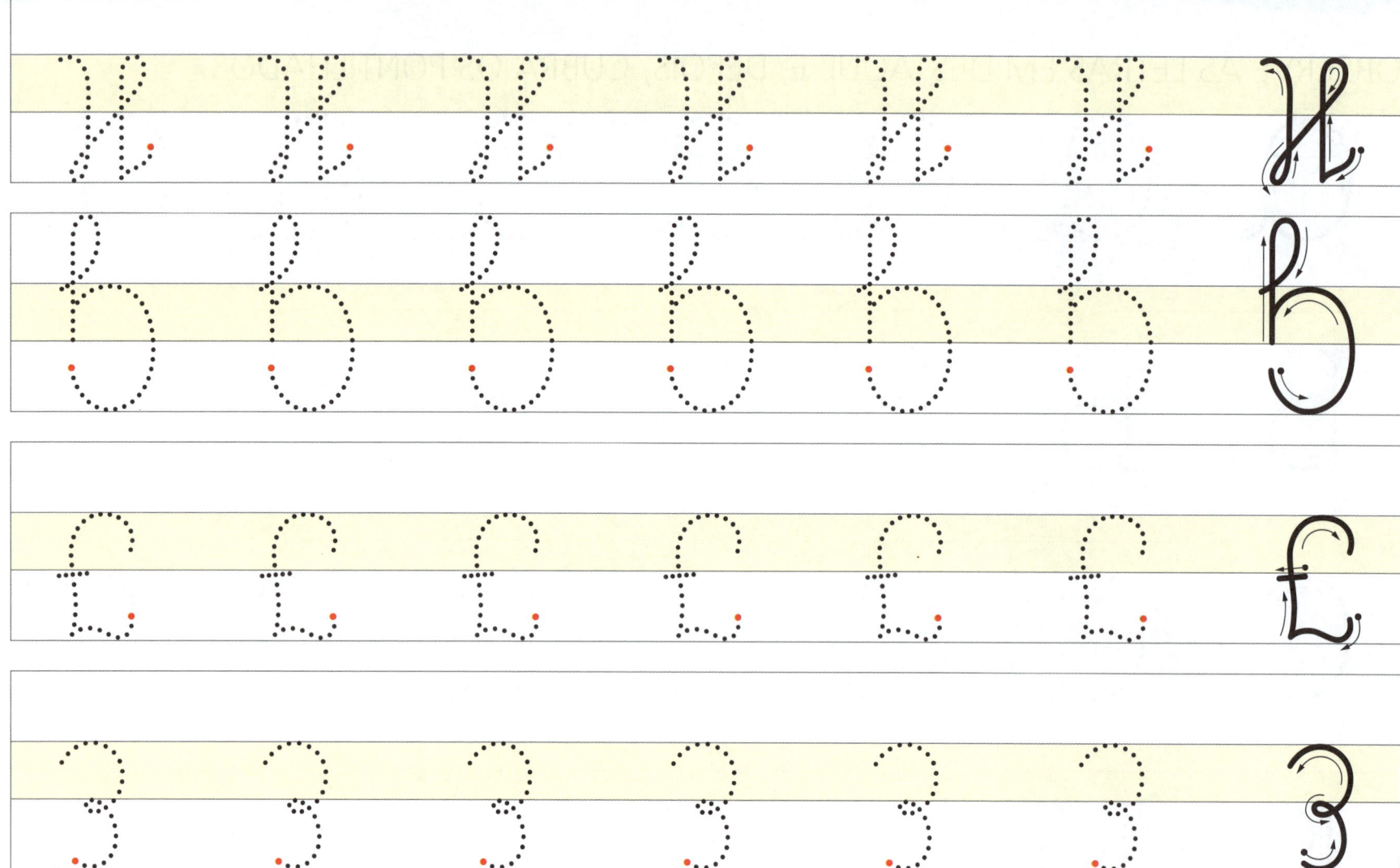

OBSERVE AS LETRAS EM DESTAQUE E, DEPOIS, CUBRA OS PONTILHADOS.

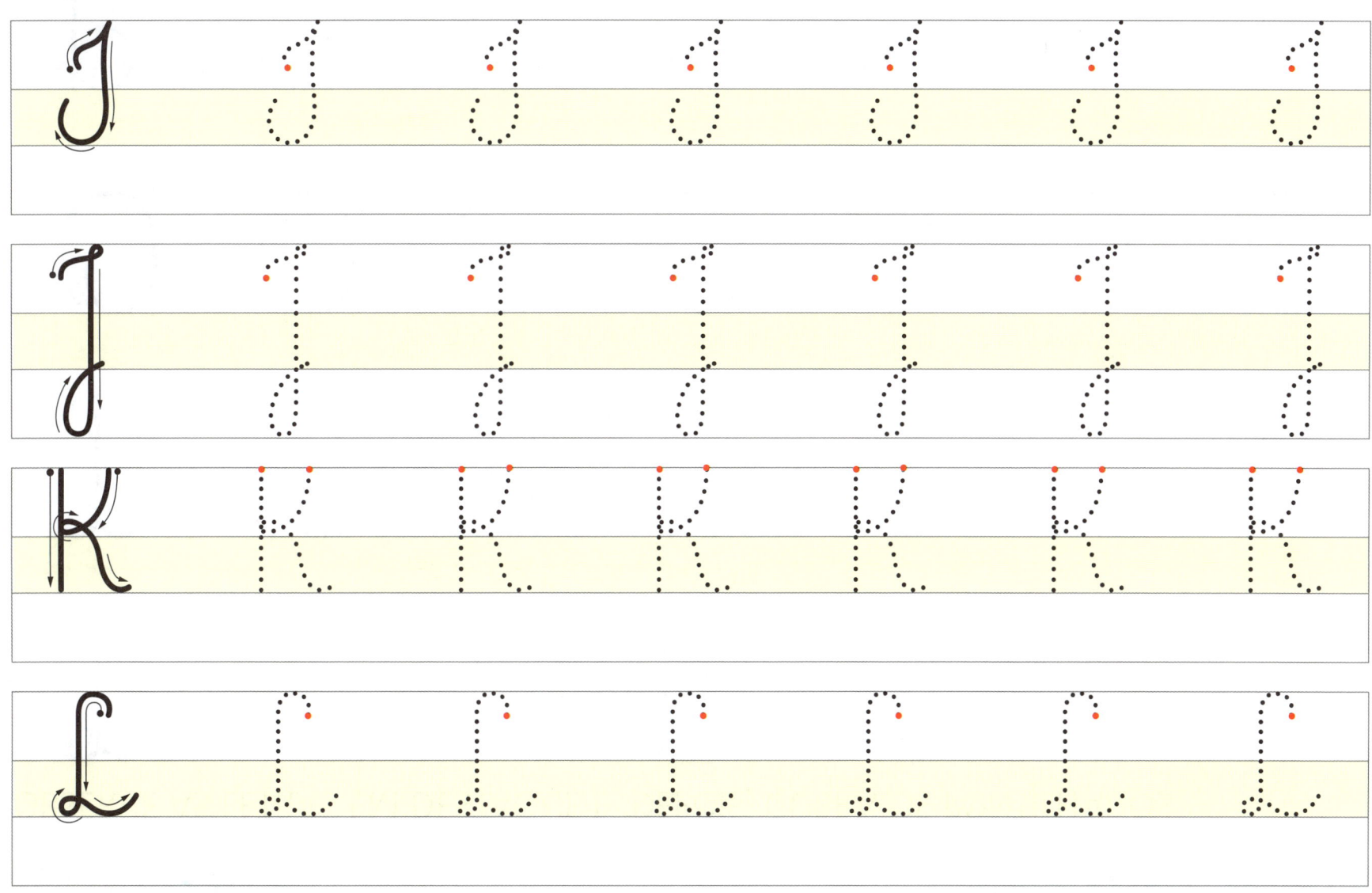

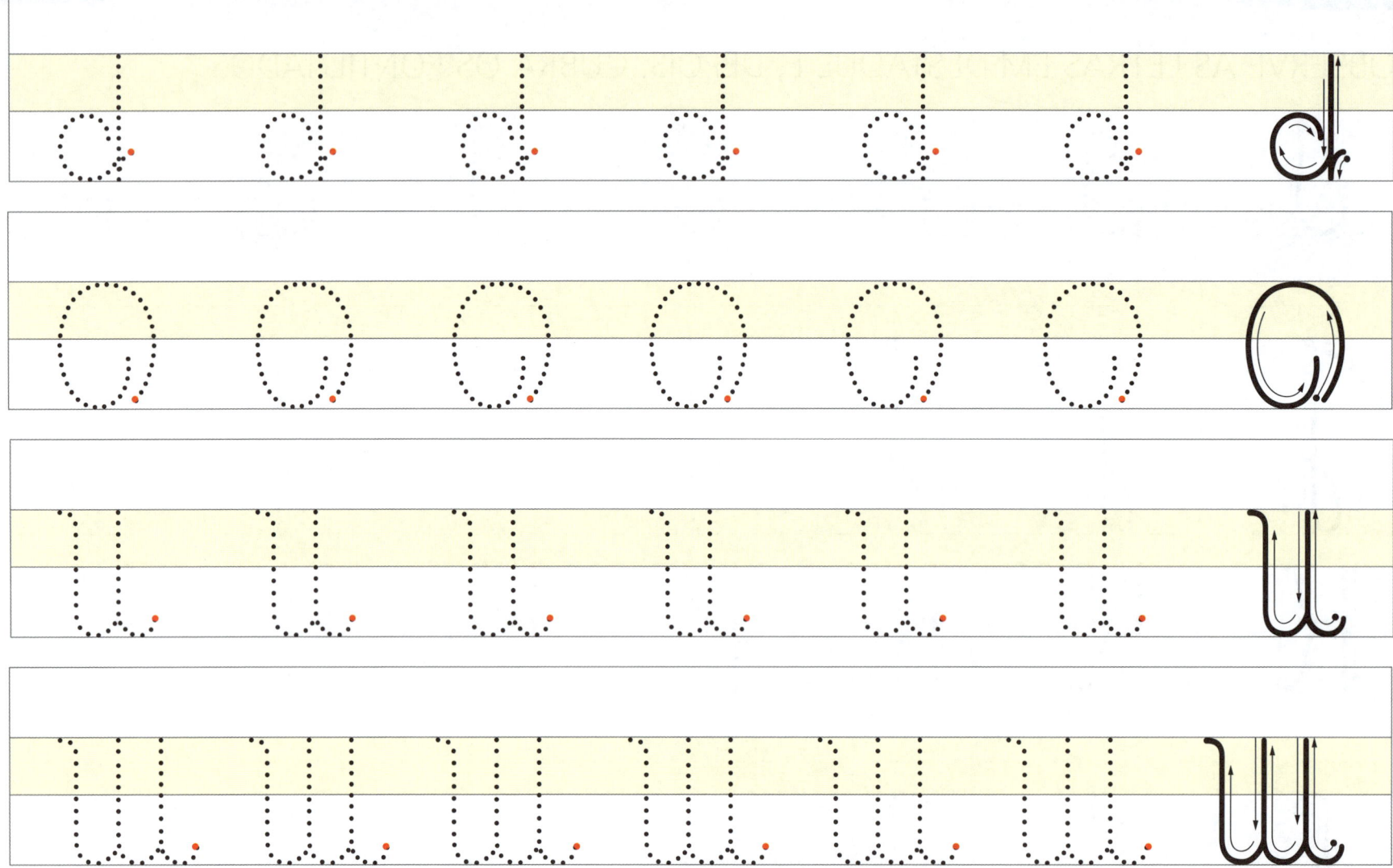

OBSERVE AS LETRAS EM DESTAQUE E, DEPOIS, CUBRA OS PONTILHADOS.

OBSERVE AS LETRAS EM DESTAQUE E, DEPOIS, CUBRA OS PONTILHADOS.

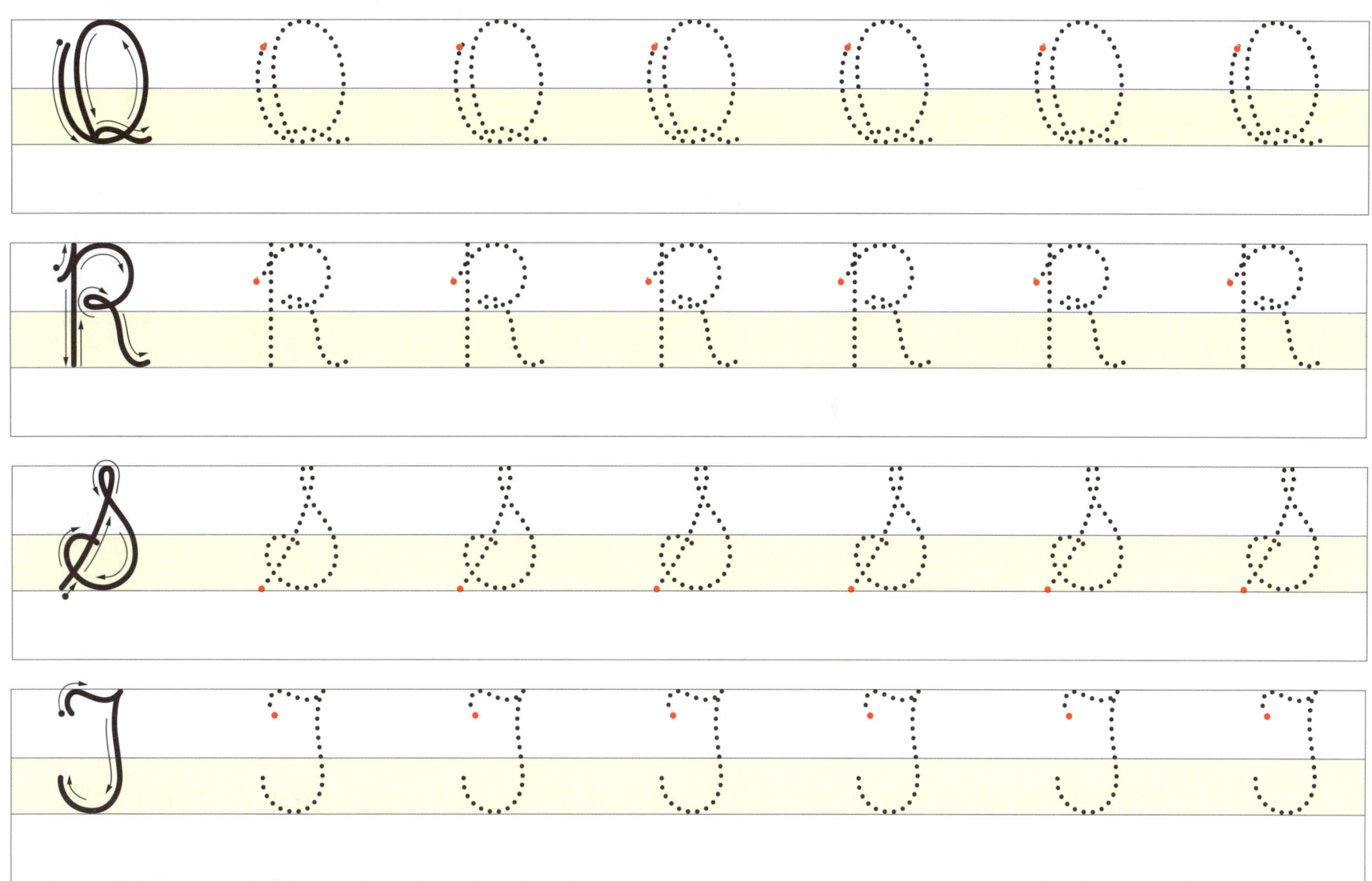

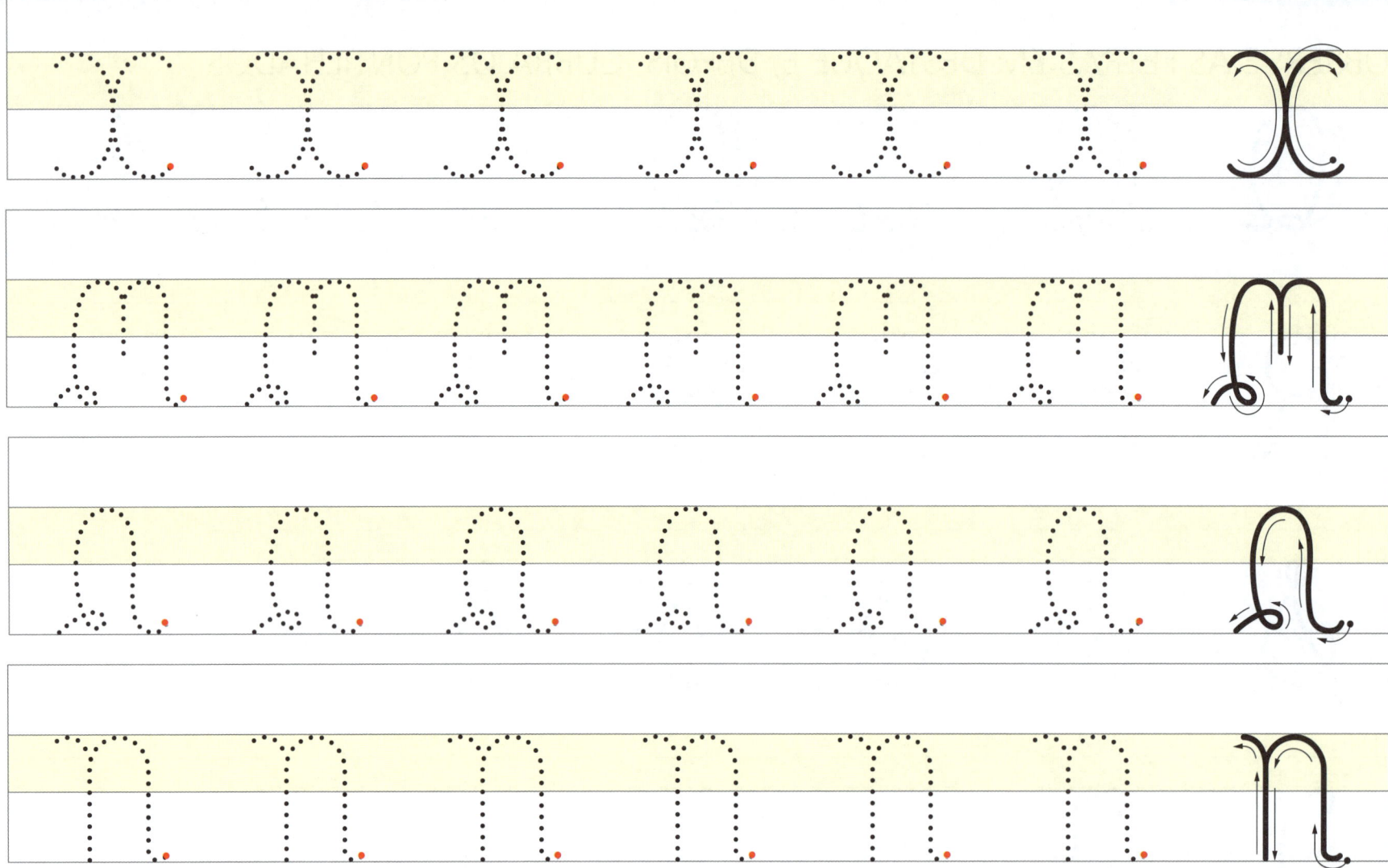

OBSERVE AS LETRAS EM DESTAQUE E, DEPOIS, CUBRA OS PONTILHADOS.

OBSERVE AS LETRAS EM DESTAQUE E, DEPOIS, CUBRA OS PONTILHADOS.

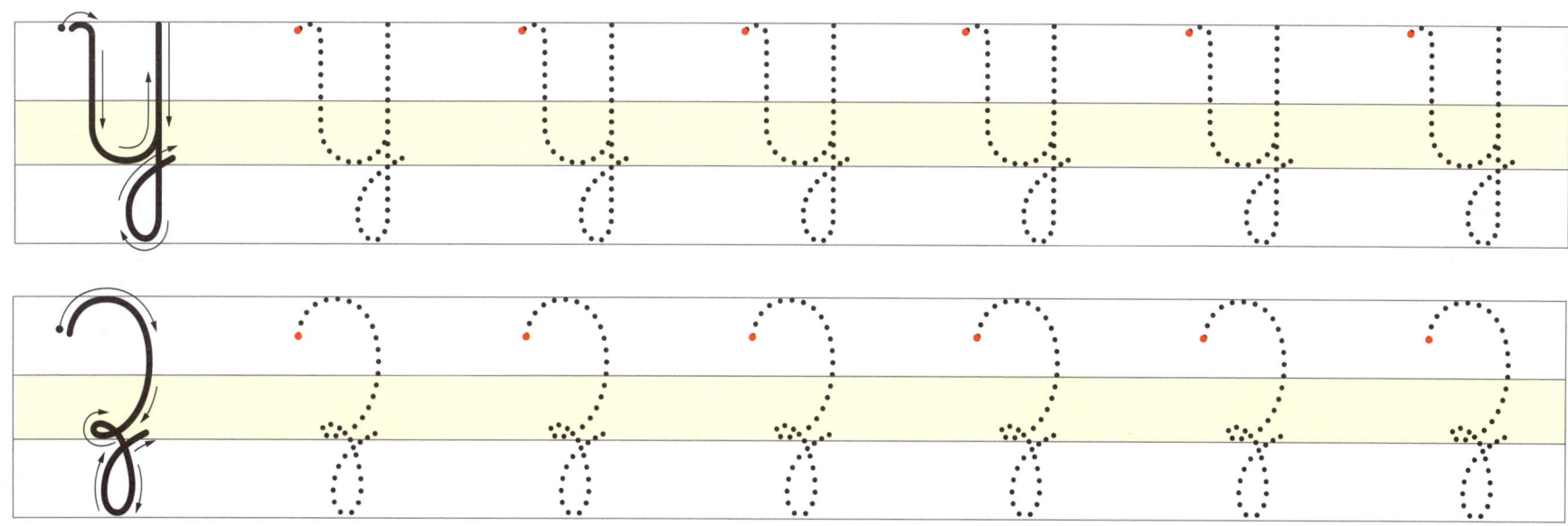

DITADO DE LETRAS.

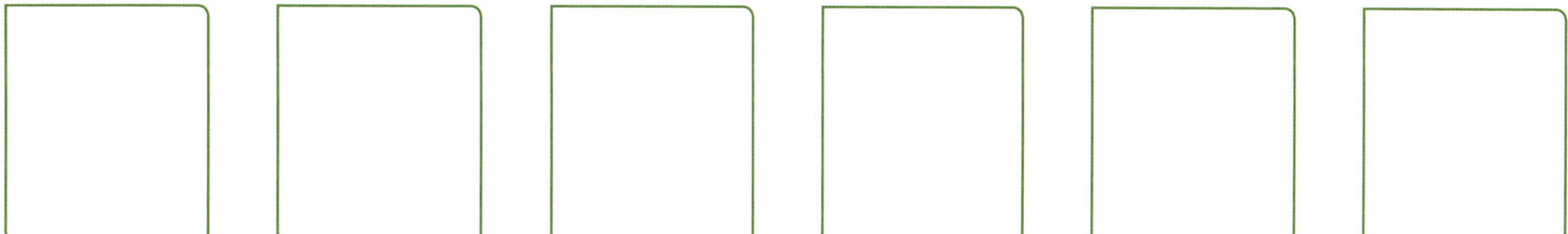

OBSERVE AS LETRAS EM DESTAQUE E, DEPOIS, CUBRA OS PONTILHADOS.

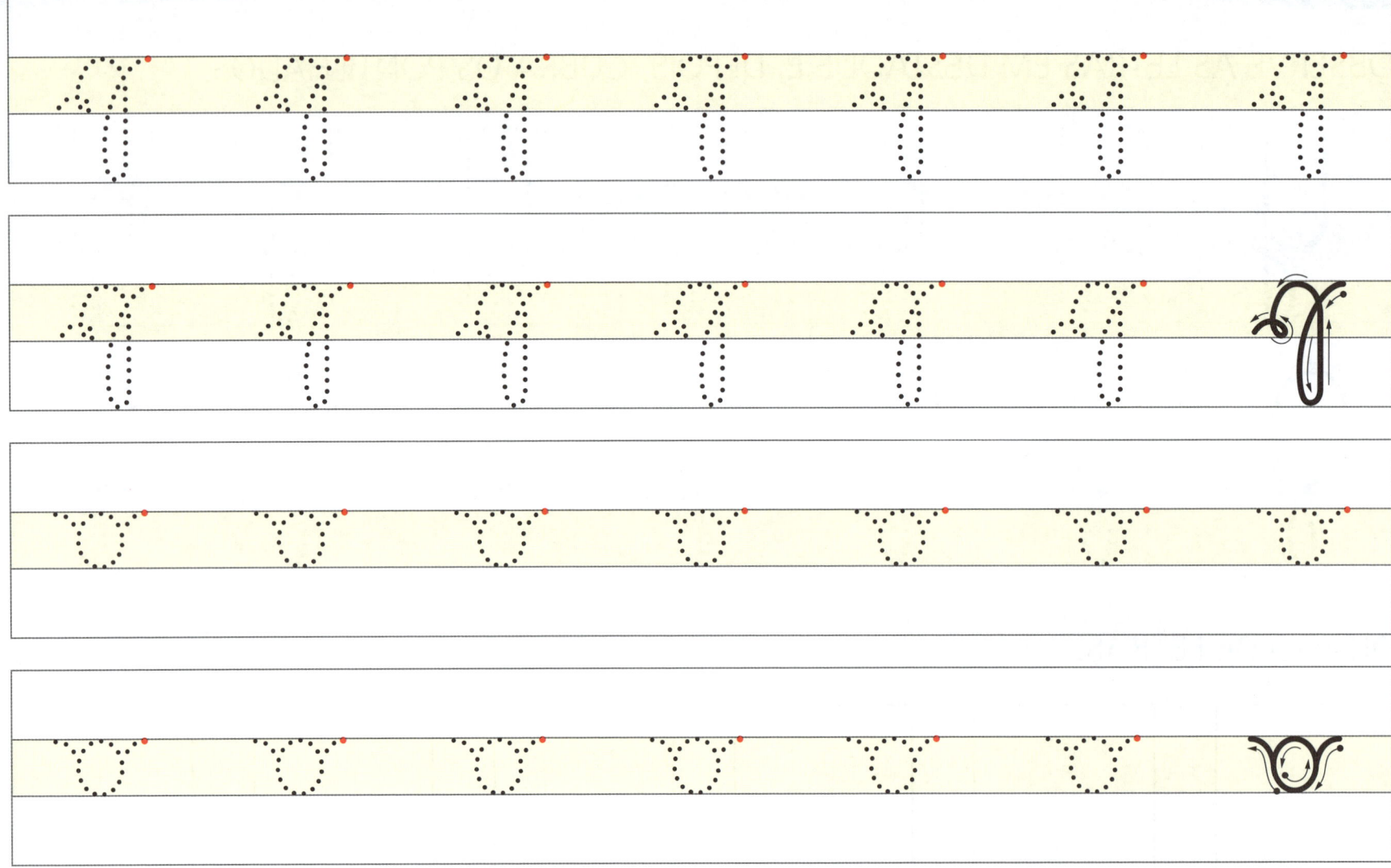

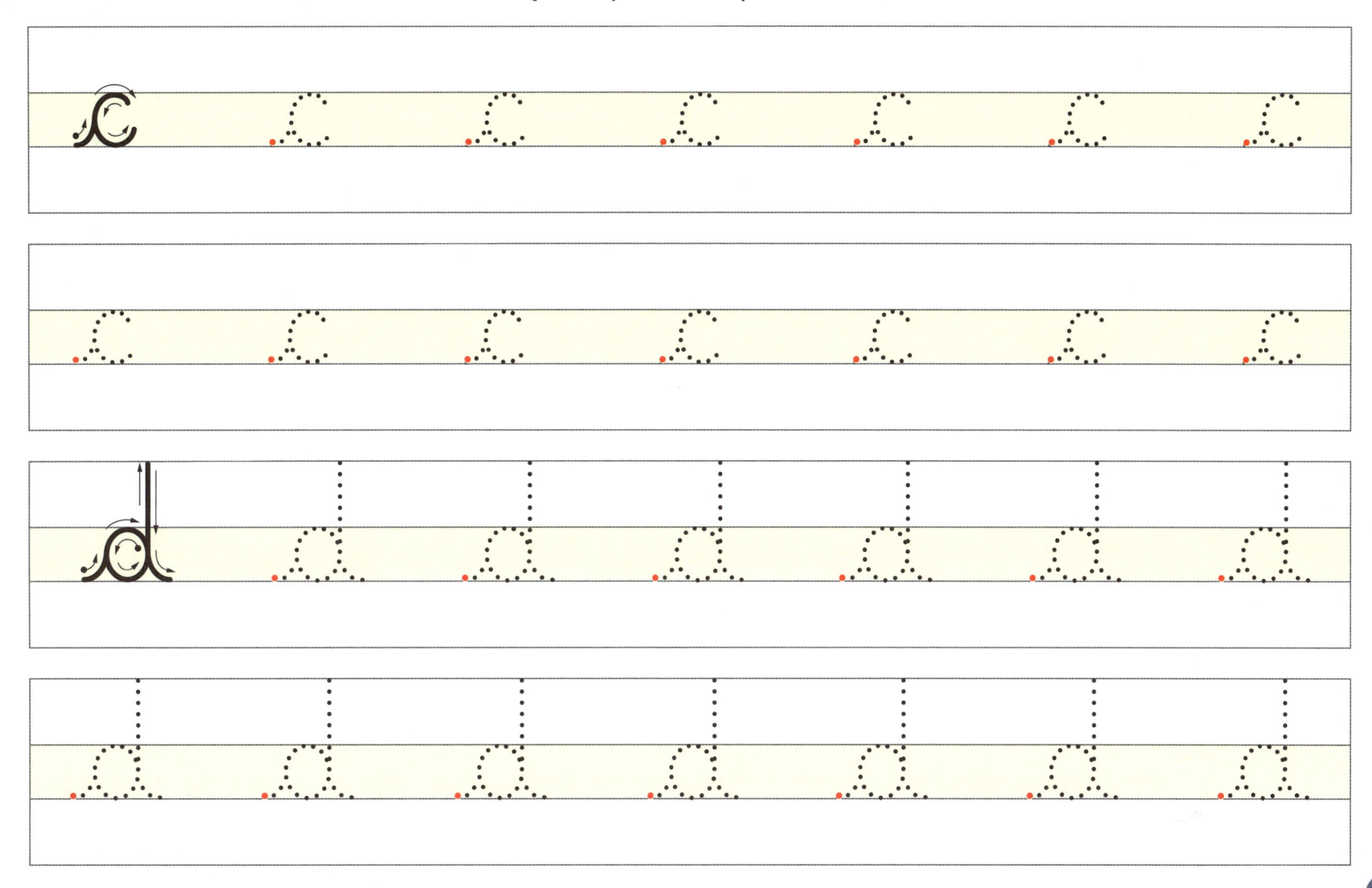

OBSERVE AS LETRAS EM DESTAQUE E, DEPOIS, CUBRA OS PONTILHADOS.

OBSERVE AS LETRAS EM DESTAQUE E, DEPOIS, CUBRA OS PONTILHADOS.

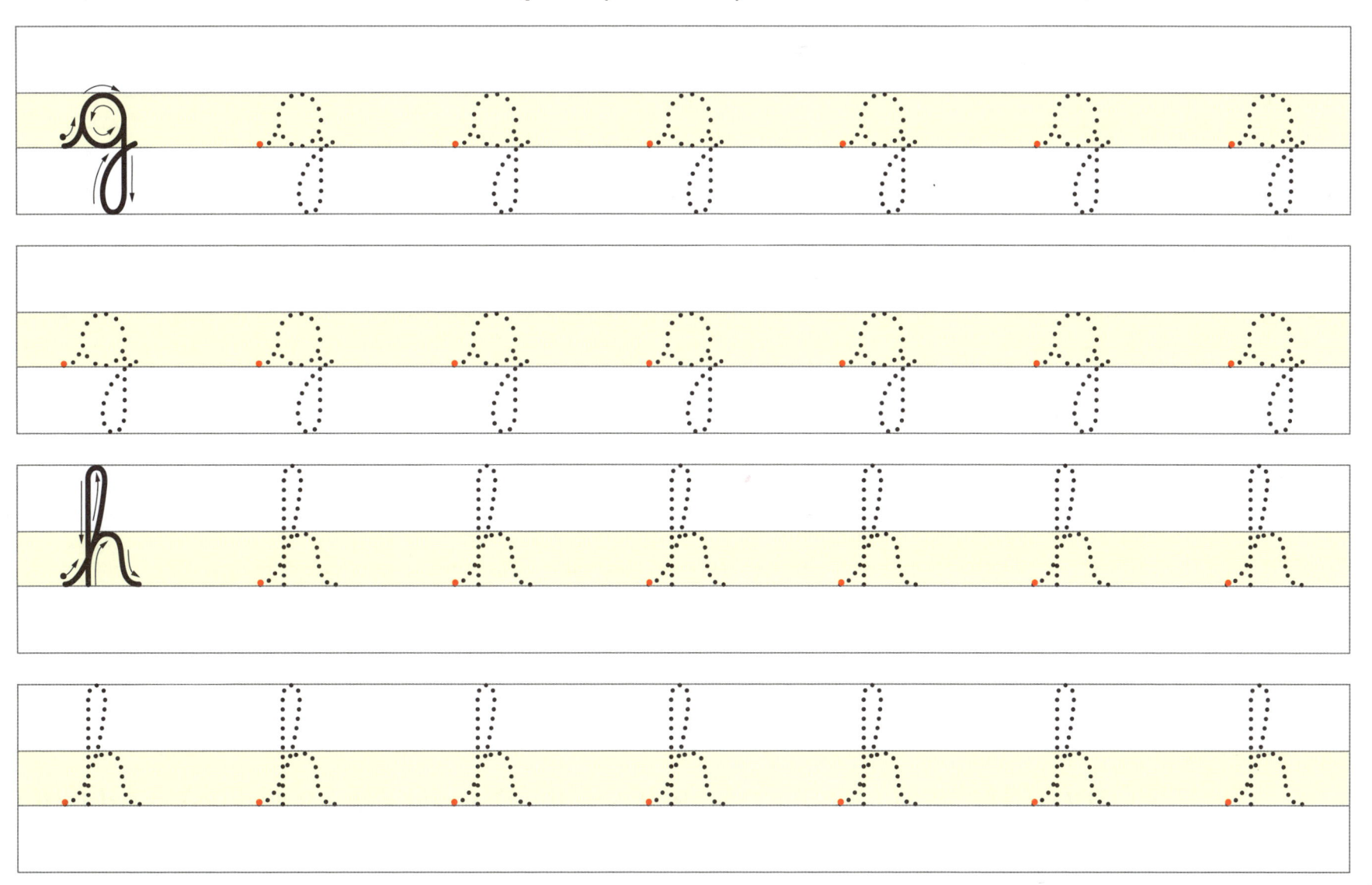

OBSERVE AS LETRAS EM DESTAQUE E, DEPOIS, CUBRA OS PONTILHADOS.

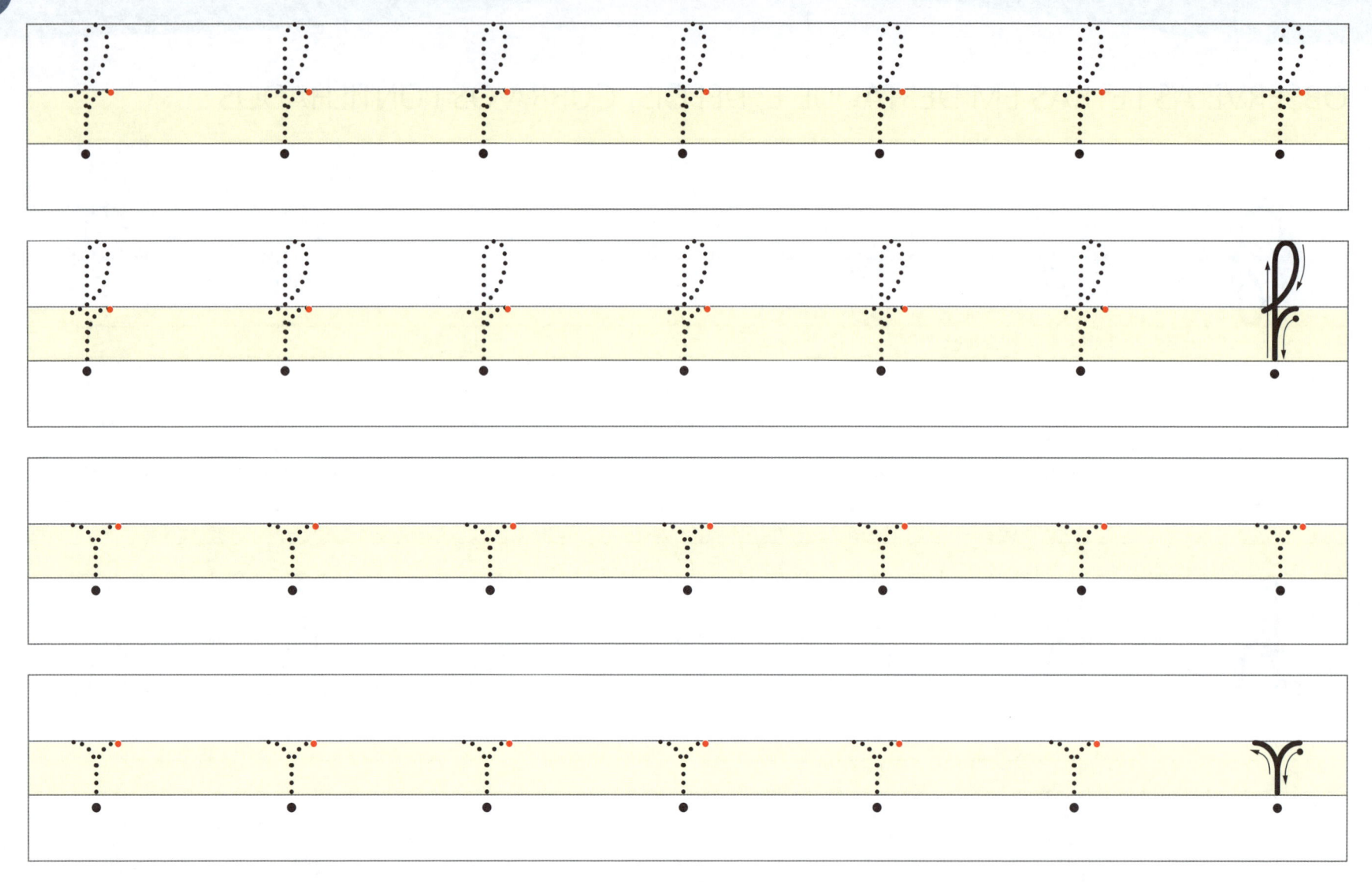

OBSERVE AS LETRAS EM DESTAQUE E, DEPOIS, CUBRA OS PONTILHADOS.

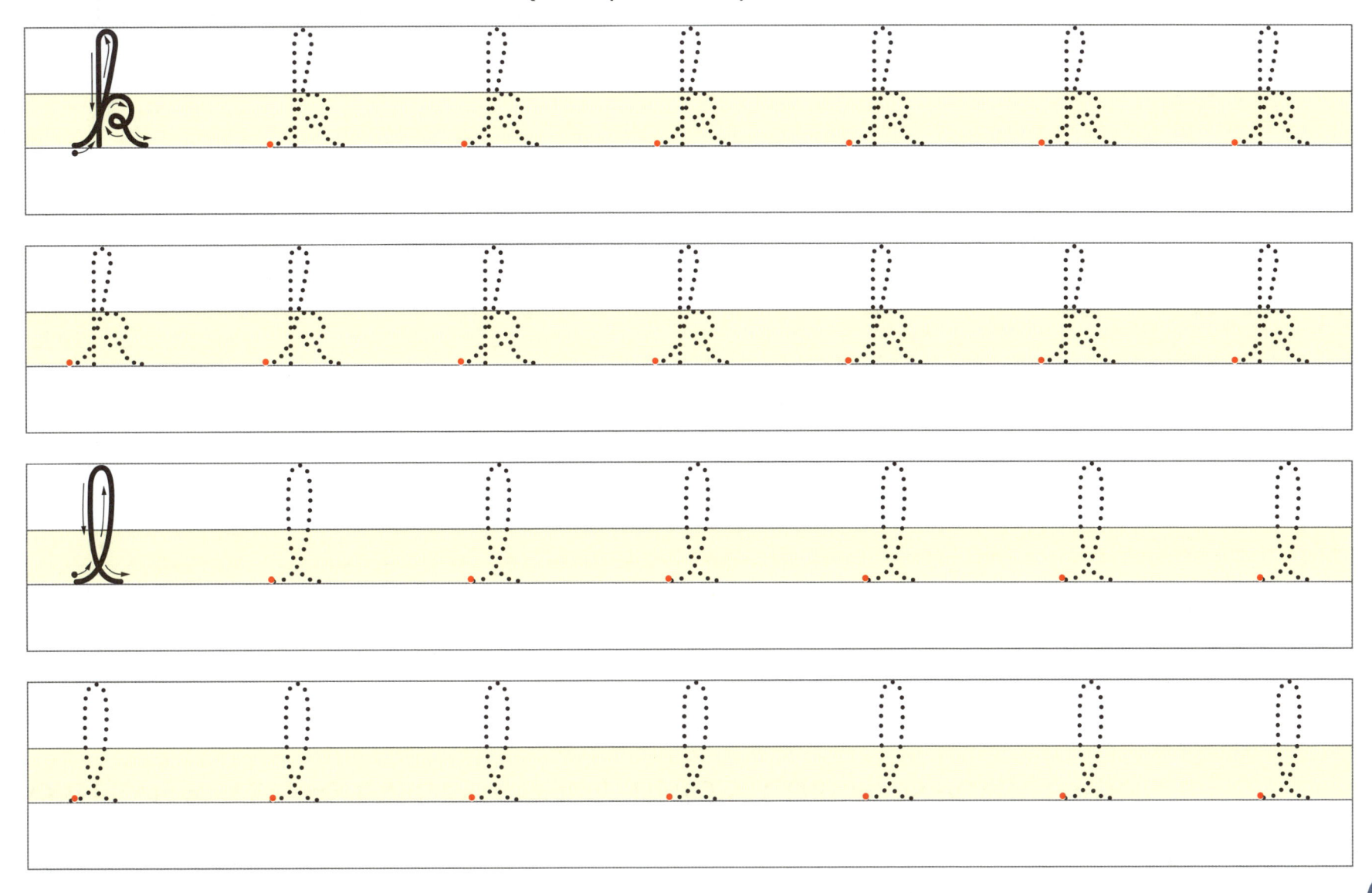

OBSERVE AS LETRAS EM DESTAQUE E, DEPOIS, CUBRA OS PONTILHADOS.

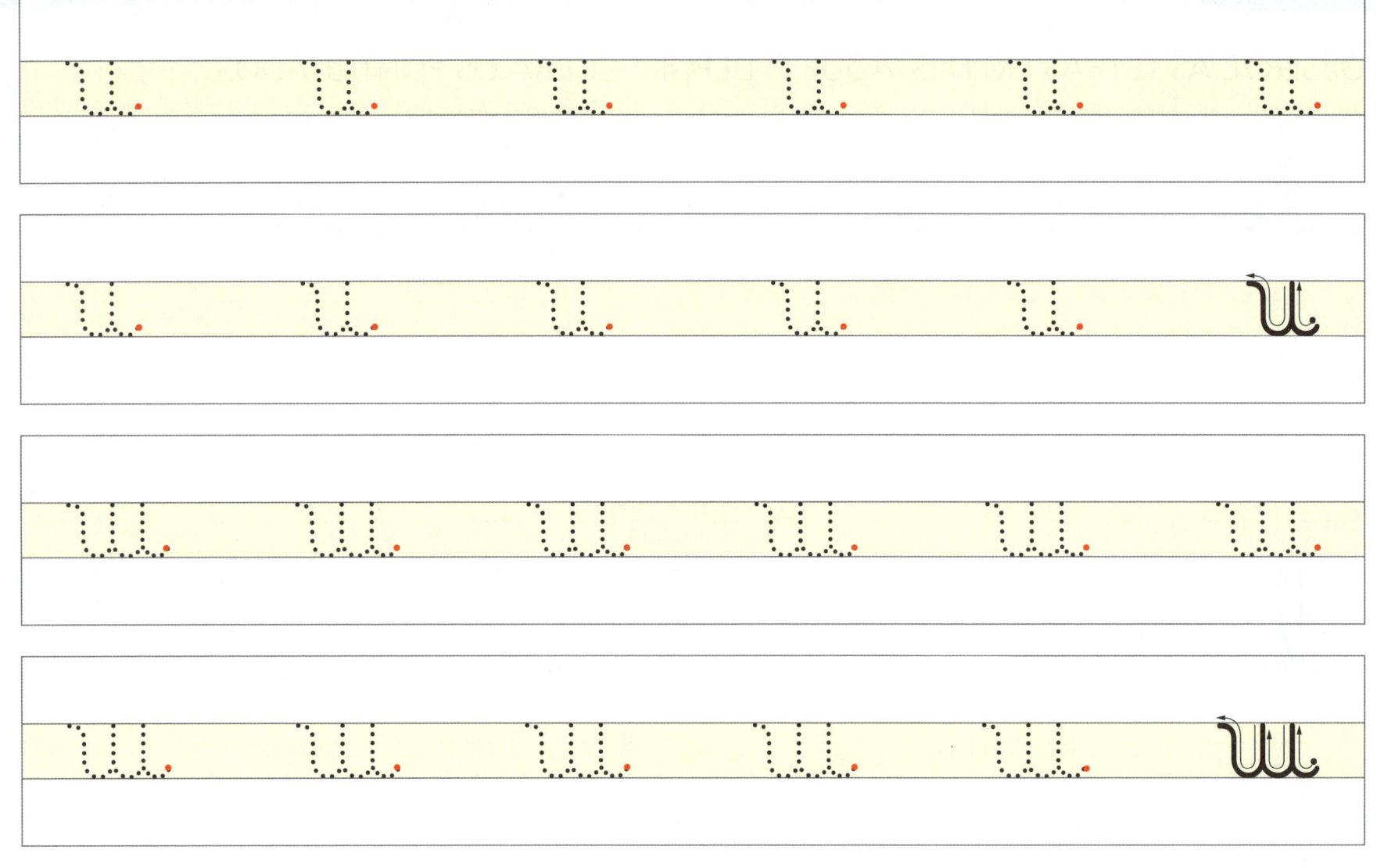

OBSERVE AS LETRAS EM DESTAQUE E, DEPOIS, CUBRA OS PONTILHADOS.

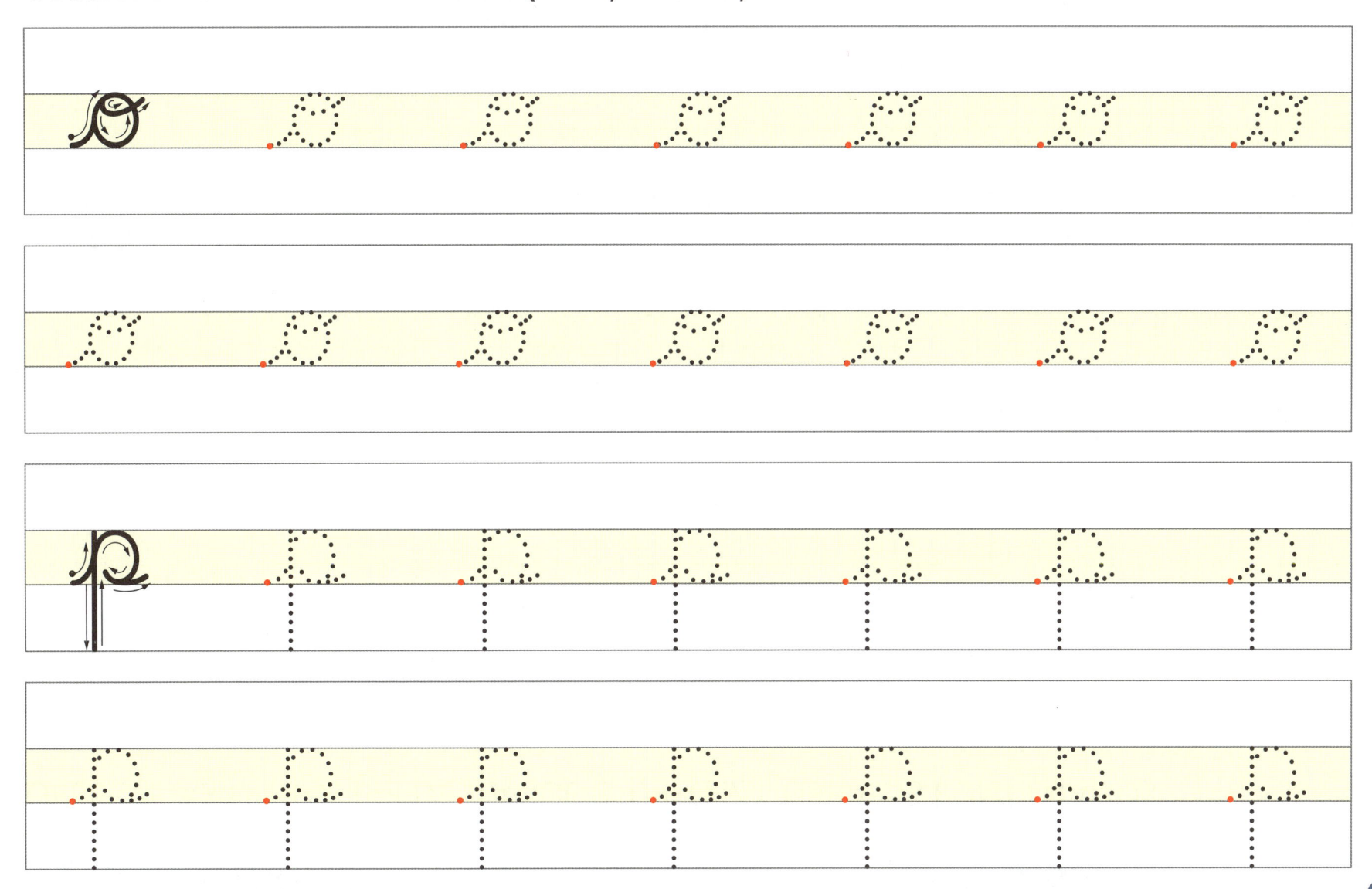

OBSERVE AS LETRAS EM DESTAQUE E, DEPOIS, CUBRA OS PONTILHADOS.

43

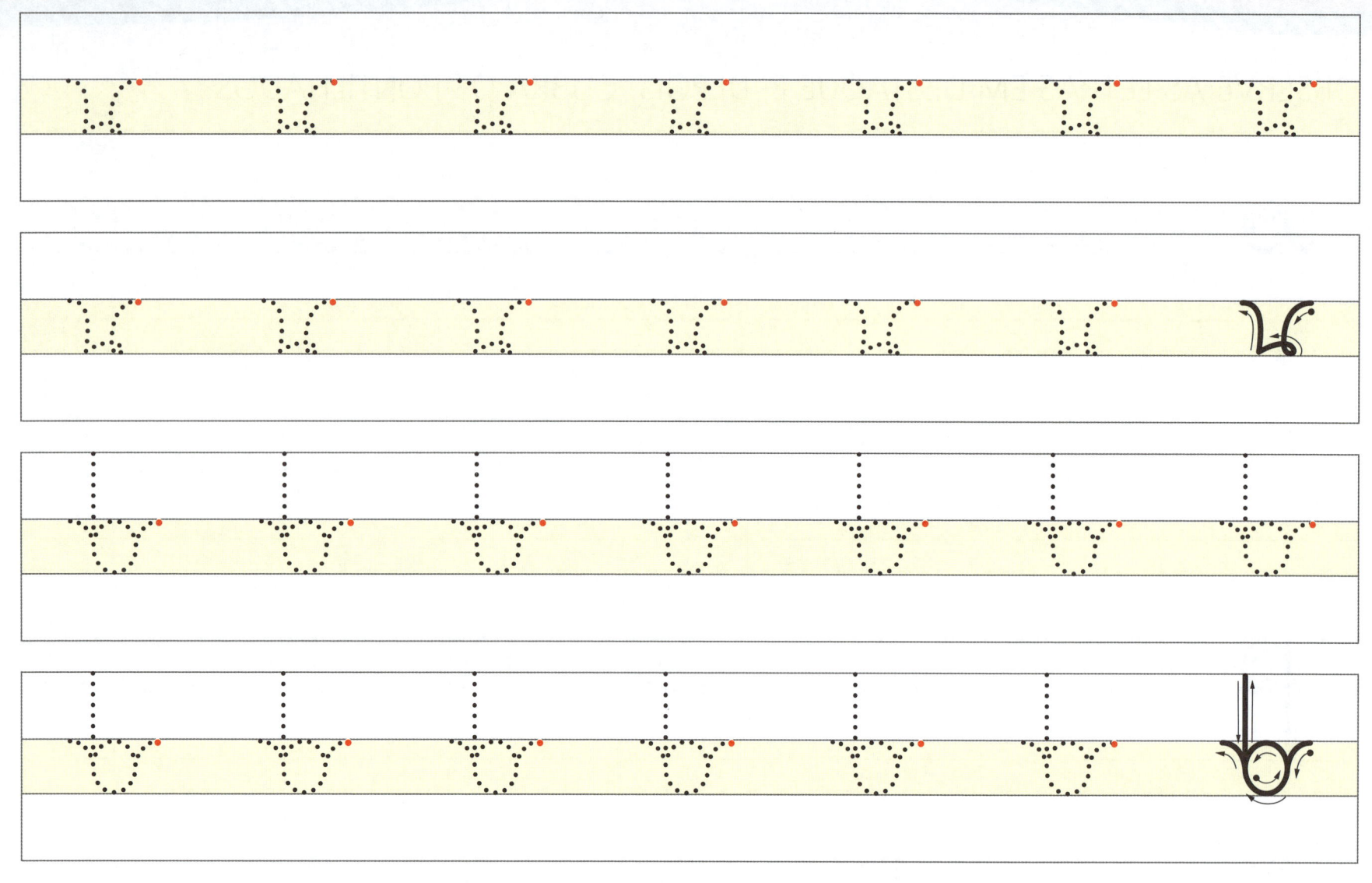

OBSERVE AS LETRAS EM DESTAQUE E, DEPOIS, CUBRA OS PONTILHADOS.

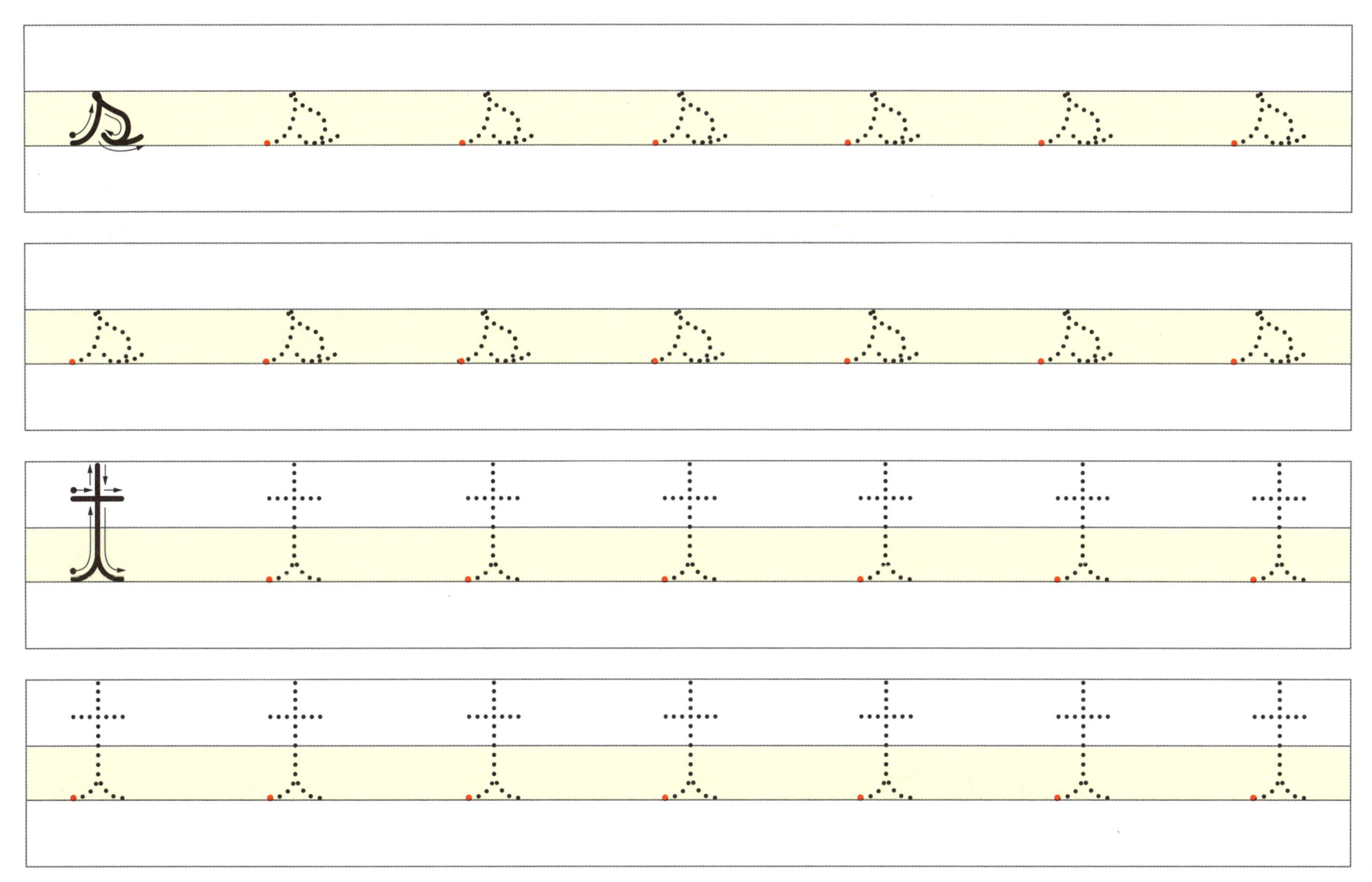

OBSERVE AS LETRAS EM DESTAQUE E, DEPOIS, CUBRA OS PONTILHADOS.

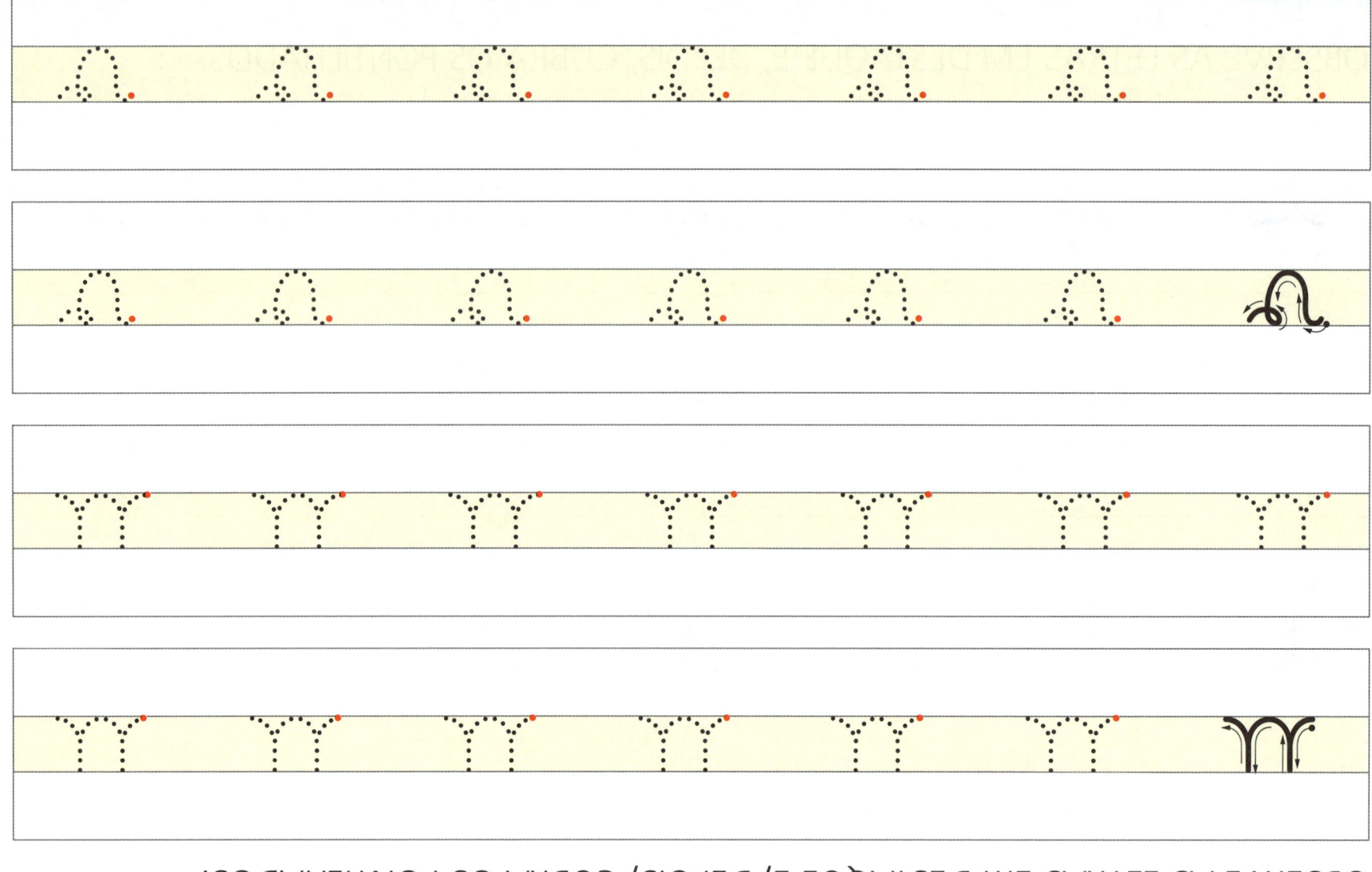

OBSERVE AS LETRAS EM DESTAQUE E, DEPOIS, CUBRA OS PONTILHADOS.

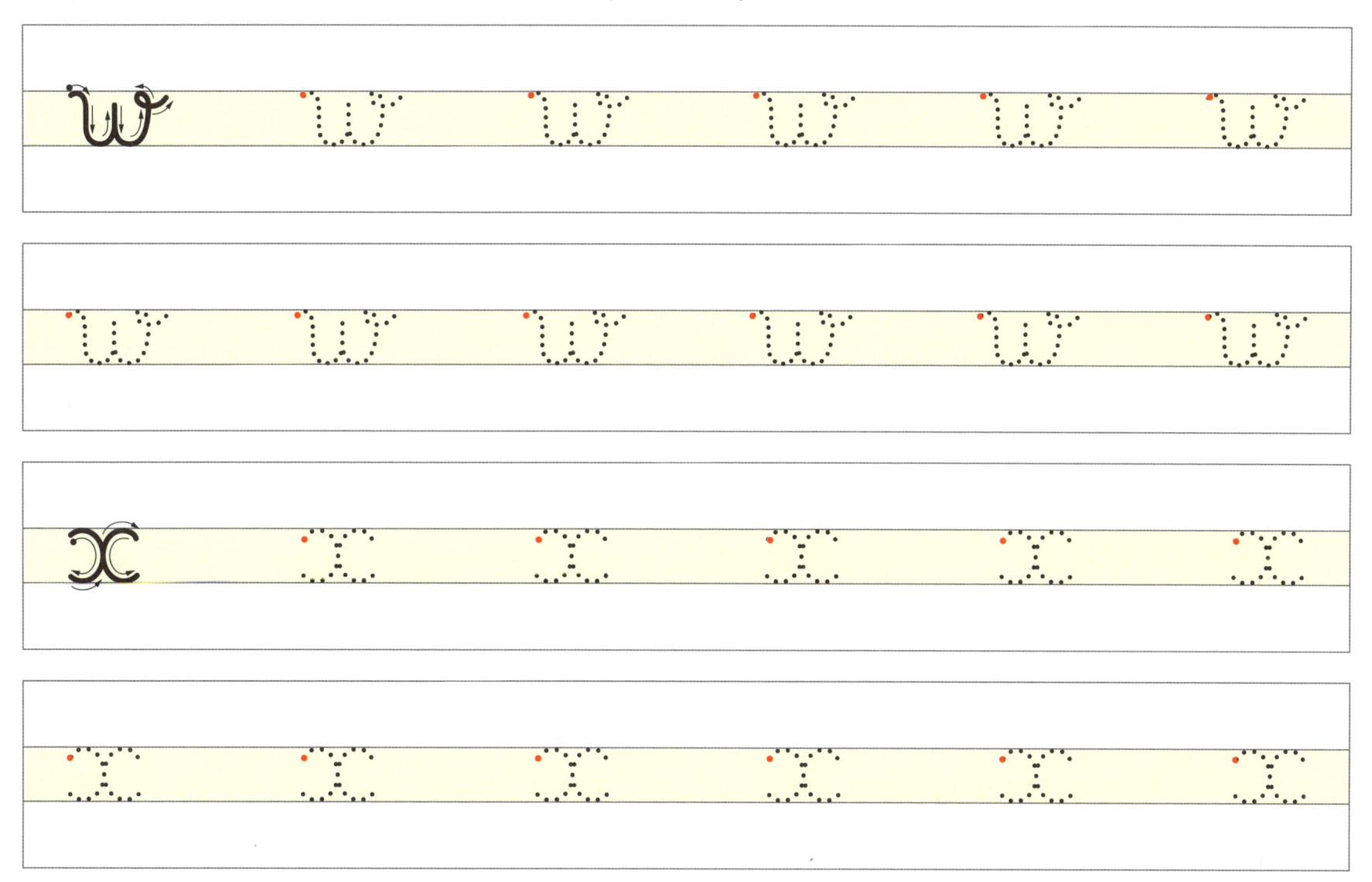

OBSERVE AS LETRAS EM DESTAQUE E, DEPOIS, CUBRA OS PONTILHADOS.

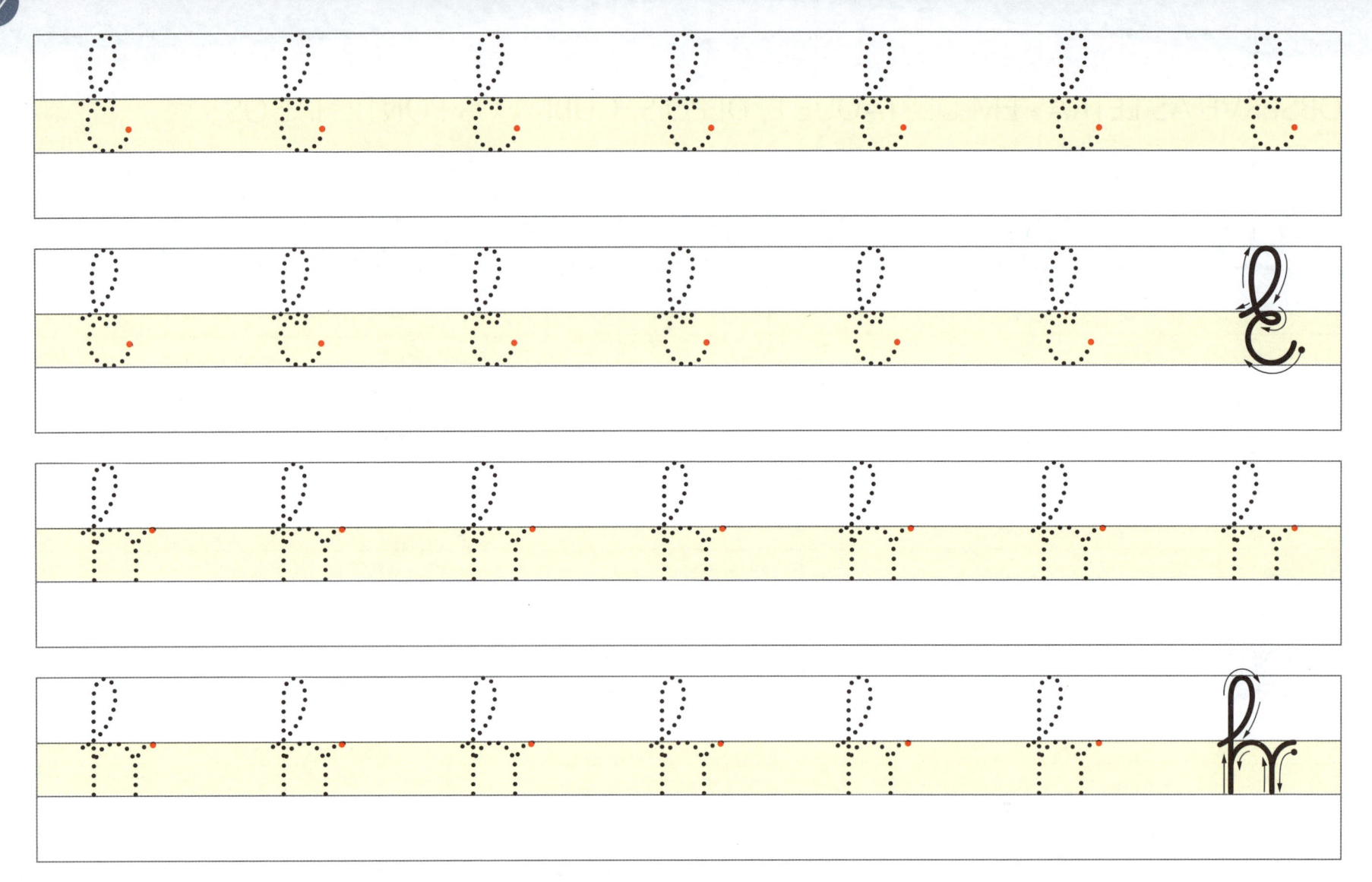

OBSERVE AS LETRAS EM DESTAQUE E, DEPOIS, CUBRA OS PONTILHADOS.